ÉTICA E SERVIÇO SOCIAL
Fundamentos Ontológicos

EDITORA AFILIADA

Dados Internacionais de Catalogação na Publicação (CIP)
(Câmara Brasileira do Livro, SP, Brasil)

Barroco, Maria Lucia Silva
　　Ética e serviço social : fundamentos ontológicos / Maria Lucia Silva Barroco. — 8. ed. — São Paulo, Cortez, 2010.

　　Bibliografia
　　ISBN 978-85-249-0813-2

　　1. Ética 2. Serviço social 3. Serviço social – Filosofia I. Título.

01-5068　　　　　　　　　　　　　　　　　　　　　　　　CDD-361.301

Índices para catálogo sistemático:

1. Ética e serviço social　361.301
2. Serviço social e ética　361.301

Maria Lucia Silva Barroco

ÉTICA E SERVIÇO SOCIAL
Fundamentos ontológicos

8ª edição
6ª reimpressão

ÉTICA E SERVIÇO SOCIAL: fundamentos ontológicos
Maria Lucia Silva Barroco

Conselho editorial: Ademir Alves da Silva, Dilséa Adeodata Bonetti, Maria Lucia Carvalho da Silva, Maria Lúcia Barroco, Maria Rosangela Batistoni

Capa: DAC sobre detalhe de *Nu com jarros*, Diego Rivera, 1944. Óleo sobre fibra dura, 157x124 cm. Fotografia Rafael Doniz.
Preparação de originais: Carmem Tereza da Costa
Revisão: Maria Vianna
Composição: Linea Editora Ltda.
Coordenação editorial: Danilo A. Q. Morales

Nenhuma parte desta obra pode ser reproduzida ou duplicada sem autorização expressa da autora e do editor.

© 2001 by Autora

Direitos para esta edição
CORTEZ EDITORA
Rua Monte Alegre, 1074 — Perdizes
05014-001 — São Paulo-SP
Tel.: (11) 3864-0111   Fax: (11) 3864-4290
E-mail: cortez@cortezeditora.com.br
www.cortezeditora.com.br

Impresso no Brasil — junho de 2018

"Toda pessoa tem a liberdade de não reconhecer nenhum valor moral. Mas [...], isso não a ajuda a ser livre. Hegel tinha razão quando distinguiu entre liberdade e arbítrio. A liberdade é sempre liberdade *para algo*, e não apenas liberdade *de algo*. Se interpretamos a liberdade apenas como o fato de sermos *livres de* alguma coisa, encontramo-nos no estado de arbítrio, definimo-nos de modo negativo... O próprio conceito de liberdade contém o conceito de dever, o conceito de regra, de reconhecimento, de intervenção recíproca. Com efeito, ninguém pode ser livre se, em volta dele, há outros que não o são".

A. Heller

À memória de
Rosa,
que amava a liberdade

SUMÁRIO

Prefácio 9

Apresentação 15

PARTE I — ÉTICA E VIDA SOCIAL; CONSIDERAÇÕES
TEÓRICO-METODOLÓGICAS 23

Capítulo 1 — **Trabalho, ser social e ética** 25
1.1. O significado ontológico do trabalho 25
1.2. Trabalho e alienação 33
1.3. As atividades emancipadoras 37
1.4. A capacidade ética do ser social 42
   1.4.1. A natureza das objetivações morais 42
   1.4.2. Vida cotidiana e alienação moral 46
   1.4.3. A reflexão ética 54
   1.4.4. A ética como capacidade livre 57
1.5. Dimensão ético-política dos projetos sócio-históricos 65
1.6. A natureza da ética profissional 67

PARTE II — A TRAJETÓRIA ÉTICO-POLÍTICA DO SERVIÇO
SOCIAL BRASILEIRO 71

Capítulo 1 — **As configurações da ética tradicional** ... 73
1.1. Moral, *ethos* e ideologia na origem da profissão 73

1.2. O significado da moralização da "questão social" .. 79

1.3. Os fundamentos filosóficos da ética profissional tradicional 91

Capítulo 2 — **Rumo à construção de uma nova moralidade** 99

2.1. Afirmação e negação da liberdade nos anos 60/70 . 99

2.2. A presença do conservadorismo 115
    2.2.1. Os Códigos de Ética internacionais 115
    2.2.2. Os Códigos brasileiros (1965-1975) 122
    2.2.3. A face ética do novo conservadorismo 131

Capítulo 3 — **O processo de ruptura com a ética tradicional** 141

3.1. Do agente de mudanças ao compromisso com as classes trabalhadoras (60/70) 141
    3.1.1. As origens do utilitarismo ético marxista .. 157

3.2. Do compromisso político com as classes trabalhadoras ao compromisso com valores ético-políticos emancipatórios 166
    3.2.1. O amadurecimento teórico-político nos anos 80 166
    3.2.2. (1986) O compromisso ético-político com as classes trabalhadoras 175
    3.2.3. Os anos 90: bases históricas do compromisso ético-político com valores emancipatórios 178
    3.2.4. Lukács e o processo de renovação da ética marxista 182
    3.2.5. A ontologia social de Marx e a questão ética 189
    3.2.6. Os fundamentos ontológicos do Código de 1993 199

Bibliografia 209

PREFÁCIO

José Paulo Netto

A intervenção de Lúcia Barroco no Serviço Social brasileiro — mas não só, uma vez que já ministrou cursos e conferências e participou de colóquios científicos na Europa e na América Latina — é bem conhecida das vanguardas acadêmicas e profissionais. Nestes círculos, seu empenho em renovar e refundar o debate da ética profissional é suficientemente notório: há mais de dez anos, seu magistério, sua atuação nos organismos e lutas da categoria e sua (até o lançamento deste livro) discreta produção bibliográfica tornaram-se referências obrigatórias para aqueles assistentes sociais preocupados com o que, outrora, denominava-se *deontologia profissional*.

Com efeito, sem prejuízo — antes, com orgânica vinculação a ela — de sua experiência como "profissional de campo", a trajetória intelectual e docente de Lúcia Barroco incide sobre o espaço problemático da ética. Este espaço constitui o centro de todas as suas reflexões e investigações, no curso das quais ela valeu-se inclusive de formação específica, haurida em pertinentes disciplinas da área da Filosofia. A síntese desse percurso, realizada quando Lúcia Barroco alcançava inteira maturidade como pensadora, foi a sua tese de doutoramento, *Ontologia social e reflexão ética*, que, defendida em 1997 no Programa de Estudos Pós-graduados em Serviço Social da *Pontifícia Universidade Católica de São Paulo*, arrancou dos examinadores, para além da nota máxima, o mais explícito reconhecimento da sua excelência acadêmica.

Tive, mais que a sorte, o privilégio de acompanhar os estudos pós-graduados de Lúcia Barroco. Neste período, na dispensável condição de seu orientador (pois que ela, dadas as suas qualificação e autonomia intelectuais, sempre voou com asas próprias), pude desfrutar de uma das mais ricas e profundas relações que o meio universitário às vezes, aliás raras, oferece: uma relação de questionamento, de busca, de descobertas, de diálogos e de confrontos (estes, algumas vezes tensos, ásperos mesmo) — em suma, uma relação de confiança e cumplicidade na pesquisa da verdade. Relação que nos modificou a ambos, como toda relação visceralmente pedagógica, e de que resultaram não só as várias parcerias em que nos metemos desde então, mas, especialmente, a sólida amizade que resiste, até, às minhas pequenas e corriqueiras desatenções, transformadas pela sua hipersensibilidade em catástrofes monumentais.

Mas este prefácio não é o lugar para divulgar confidências de uma amizade, que não é para aí que acorre o interesse do público. Mencionei brevemente esta cumplicidade para que o leitor saiba, à partida, que a apresentação deste livro não é feita por um observador neutro ou imparcial: trata-se de prefácio escrito por alguém que está medularmente comprometido com a autora, com seu projeto intelectual e com os resultados de sua pesquisa. Comprometimento que, entretanto, não há de vulnerabilizar a avaliação expendida a seguir.

Estou convencido de que este livro, elaborado a partir da tese de doutoramento antes citada, constitui, na bibliografia do Serviço Social em língua portuguesa, o primeiro trabalho que oferece a fundamentação adequada à formulação ética compatível com um projeto profissional radicalmente crítico, substantivamente democrático, concretamente humanista e orientado para o horizonte histórico do que Marx, em 1844, qualificava como *emancipação humana*.

Lúcia Barroco ancora a sua elaboração numa perspectiva teórica essencialmente clássica: na ortodoxia metodológica própria de uma arguta leitora de Lukács — e, portanto, na contracorrente das rasteirices pós-modernas —, ela articula a dimensão ética à socialidade posta pela práxis e pelo trabalho (Cap. 1). Só depois de fundar ontologicamente a reflexão ética como tal é que Lúcia Barroco avança para o enfrentamento da ética profissional (Cap. 2), começando pela crítica ao tradicionalismo, avançando na análise da sua erosão e resgatando o longo processo de amadurecimento das condições para a construção de um Código de Ética que, como o de 1993, assinala, neste âmbito, a plena ruptura do Serviço Social brasileiro com a sua herança conservadora.

Não é preciso dizer da relevância teórico-metodológica do primeiro capítulo deste livro. Lavrando um terreno em que a tradição marxista não foi pródiga, Lúcia Barroco recolhe a melhor inspiração marxiana, filtrada pela ótica lukácsiana e refratada na obra de uma Agnes Heller ainda vinculada aos veios revolucionários (porque, como se sabe, a Heller dos anos oitenta em diante é uma triste expressão das regressões liberais). O travejamento ontológico da reflexão aí desenvolvida pela autora é notável, e mesmo que outras sensibilidades do espectro marxista possam levantar objeções a componentes da sua construção, esta permanece como exemplar da exploração da socialidade no campo do pensamento marxista.

A solidez dos fundamentos reunidos neste capítulo é que permitem o seu exitoso e congruente desenvolvimento e extensão no trato da ética profissional (aliás tangenciada ao fim deste capítulo inicial), que constitui o grande objeto do livro. Se, no primeiro capítulo, Lúcia Barroco explicita o referencial com que processa a análise da ética, no segundo ela nos oferece a crítica elementar do conservadorismo ético-profissional e comprova suas hipóteses com o exame dos seus correspondentes Códigos de Ética (brasileiros e internacionais). Prossegue indicando seus suportes ídeo-políticos, numa arquitetura intelectual que cobre os primeiros passos da sua contestação e se coroa, depois de um brilhante excurso sobre a renovação das incidências da tradição marxista no debate ético, com o tratamento do Código de 1993.

Em todas as passagens, a reflexão de Lúcia Barroco socorre-se de fontes bibliográficas e documentais procedentes e dignas de crédito, incorpora com precisão distintos vetores teóricos e ideais e sinaliza, percucientemente, suas conexões históricas e sociais. No conjunto do texto, do teor sistematizante do primeiro capítulo aos procedimentos teórico-críticos e históricos do segundo, logra-se o esforço de conjugar explicação e compreensão, abordagem sistemática e angulação histórica, crítica textual e referência contextual.

É supérfluo assinalar que o espaço em que se move Lúcia Barroco, o da ética (e, igualmente, o da ética profissional), pela sua problemática imanente — problemática centrada no *valor* —, é intrinsecamente engendrante de polêmicas. Eis por que, conseqüentemente, o complexo da sua argumentação revela-se um virtual deflagrador de discussões e discrepâncias. Na medida em que vierem à tona no debate profissional, mais um serviço nos terá prestado este precioso livro — e digo *mais um*, na escala em que, com sua publicação, dois outros se efetivam.

O primeiro diz respeito à formação acadêmica. Passou o tempo em que a ética profissional era uma disciplina lateral, secundária, espécie de filho enjeitado dos currículos de graduação; é inegável que, nos dias correntes, seu papel cresceu e afirmou-se. Contudo, os materiais disponíveis até hoje, para docentes e estudantes, são reconhecidamente insatisfatórios (e insatisfatórios a todos os títulos). Com este livro, professores e discentes passam a contar com o instrumento necessário para colmatar o que, até agora, era uma lacuna sem solução adequada.

O segundo refere-se à bibliografia disponível ao assistente social que já concluiu a sua qualificação básica e procura, convencido da urgência inarredável da formação contínua, meios e modos de atualização e aprofundamento da sua competência profissional (que, como sabemos, é a síntese de competência teórica, competência operativa e competência política). Com este livro, aquele assistente social tem acesso a um texto que lhe propicia as condições necessárias a uma reflexão de ponta.

Linhas atrás, observei que o fato de ter acompanhado a investigação de Lúcia Barroco e de hoje trabalhar solidariamente com ela no plano acadêmico não haveria de afetar o meu juízo sobre este livro. Trata-se de afirmação, esta também, que deve ser posta à prova. Convido o leitor ao que o velho Engels chamava de *a prova do pudim* — seu sabor não se afere pelo conhecimento da receita, mas pela experiência da prova. Faça-a o leitor: esqueça a avaliação enunciada neste prefácio e percorra as páginas deste livro, contabilizando seu caráter instigante e sua problematização, anotando sua força e seus limites.

Tenho a certeza maior de que, independentemente de quaisquer discordâncias, o leitor concluirá, comigo, que é com este livro de Lúcia Barroco que se completa a maioridade acadêmica e intelectual do Serviço Social no Brasil. Com ele se completa o ciclo iniciado, há quase vinte anos, com a produção de Marilda Villela Iamamoto, e adensado, nestas quase duas décadas, por tantos companheiros, mais jovens ou não. Mais eu não poderia dizer desta obra.

Recreio dos Bandeirantes,
agosto de 2001.

APRESENTAÇÃO

*"O ímpio não é o que despreza os deuses
da multidão, mas o que adere à idéia que
a multidão tem dos deuses."*

Epicuro

"A exigência de abandonar as ilusões sobre sua condição é a exigência de abandonar uma condição que necessita de ilusões."

K. Marx

Este texto, parte de minha tese de doutoramento,[1] é a sistematização de um processo de aprendizado teórico-prático iniciado há quase duas décadas, quando me defrontei com as exigências postas a uma reflexão ética que pretende se pautar no pensamento de Marx. Por sua radicalidade histórico-crítica, a teoria social de Marx só interessa a quem concebe a história como um campo de possibilidades abertas — não apenas à barbárie, à desumanização, à reificação do presente —, mas, sobretudo, aos projetos coletivos que

---

1. *Ontologia social e reflexão ética*, defendida no Programa de Estudos Pós-Graduados em Serviço Social da Pontifícia Universidade Católica de São Paulo, em março de 1997, com a orientação do dr. José Paulo Netto. Participaram da banca examinadora os drs. Carmelita Yazbek, Celso Frederico, Ênio Brito e Sérgio Lessa.

apostam na criação de uma nova sociedade, onde a liberdade possa ser vivida, em todas as suas potencialidades.

Por tais razões, este trabalho não é desinteressado; busca oferecer elementos para uma apreensão crítica da ética profissional, objetivando o fortalecimento da moralidade inscrita no projeto profissional que nos últimos trinta anos tem influenciado significativamente os rumos do Serviço Social brasileiro: o projeto ético-político explicitado nos Códigos de Ética de 1986 e 1993.

O eixo condutor da análise é dado pela apreensão das determinações e mediações que incidem sobre a consciência ético-política da profissão, concebida como expressão particular de inúmeras possibilidades inscritas na cultura brasileira, na formação moral dos indivíduos sociais, nas formas de representação e vivência do trabalho, da vida cotidiana, da vida cívica e política, na apreensão do significado da profissão e da "questão social" na sociedade burguesa, nas respostas às suas determinações, na coesão em torno de valores, finalidades e responsabilidades profissionais coletivas. Neste campo de possibilidades onde são feitas escolhas, onde valores são afirmados e negados, onde nascem e se desenvolvem determinados modos de ser que facilitam ou não a adesão a projetos coletivos, busco identificar as configurações e fundamentos da ética profissional.

O desenvolvimento da análise, apoiada no método crítico dialético de Marx, demandou a compreensão da gênese da profissão, em suas determinações éticas e políticas fundantes, em seus desdobramentos históricos, em sua relação com as possibilidades de superação do seu *ethos* de origem. Para isso, foi preciso reconstruir a base de fundação ontológica da ética na vida social, o que orientou a apreensão das possibilidades de afirmação e negação de valores éticos fundamentais na sociedade burguesa, na cultura contemporânea e no contexto do Serviço Social.

O método indicou o cuidado de não realizar uma análise "moralista" da realidade; donde a preocupação de não julgar individualmente os agentes profissionais, mas evidenciar uma prática coletiva cujos produtos ético-políticos contribuem, independentemente da "boa" intenção dos seus agentes, em sua singularidade, para o fortalecimento da alienação moral, de projetos conservadores ou simplificadores das potencialidades éticas do ideário que lhe serve de referência. Nesse sentido, a crítica não se estendeu apenas ao *ethos* tradicional; também buscou evidenciar, na história da ética marxista, formas de apreensão e objetivação éticas que acabaram, independentemente da vontade política de revolucionários grandiosos, por negar o ideário socialista e o pensamento de Marx.

Mas é também o método que indica a impossibilidade de uma análise desprovida de valores, donde a defesa intransigente da crítica superadora e da valoração da realidade, em termos do que é possível historicamente, e da tese de que, sem escolhas e alternativas não existe liberdade e sem liberdade a ética não tem substância histórica. Nessa perspectiva, a valoração do *ethos* profissional recai sobre o conjunto de alternativas postas à profissão, em cada momento histórico, e sobre as formas de sua incorporação crítica, na direção de uma moralidade consciente, responsável e livre.

A medida de valor é dada pela concepção marxiana de riqueza humana, o que institui uma ética dirigida à emancipação humana; logo, supõe uma relação entre o presente e o devir; entre o *ser* e o *dever ser*. Marx não baseou sua análise na oposição entre *ser e dever ser* porque seu objetivo não era estabelecer nenhuma proposição para a sociedade burguesa; no entanto, isso não compromete a elaboração de uma ética nele fundada. Para permanecer fiel a Marx, essa ética é de caráter revolucionário; não tem ilusões quanto à presença da alienação nas várias formas de objetivação ético-morais; não pretende afirmar a supressão das relações sociais alienadas através da ética. Porém, uma ética revolucionária supõe um programa estratégico que contém uma dada normatividade; árdua tarefa que se apresentou aos movimentos revolucionários vinculados ao socialismo e ao marxismo, após a morte de Marx.

É nessa direção que intelectuais marxistas como Lenin, Rosa, Trotsky, Gramsci, Lukács buscaram elaborar uma ética que contivesse — dialeticamente articuladas — a perspectiva revolucionária e as estratégias para o presente, ainda na sociedade de classes. Se a ética marxista não tivesse essa potencialidade para lidar com as questões do presente — não apenas como crítica radical de suas formas alienadas, mas, também, como definição de estratégias pautadas em princípios e valores éticos —, não teria sentido algum trazer esse referencial para uma profissão.

Nesses termos, o tratamento dado à ética profissional fundada em Marx é orientado pelas suas possibilidades de efetuar uma crítica da sociabilidade burguesa, tendo por parâmetro a condição ontológica dos valores na história; seu processo de desvalorização/valorização não elimina a possibilidade de resgate, pelos homens, daqueles valores que se tornaram universais porque representam conquistas históricas valiosas do ponto de vista da explicitação das capacidades e alternativas liberadoras da práxis.

Os valores universais se objetivam eticamente mediante princípios e normas abstratas que se concretizam sob formas e significados históricos diversos: tais modos de ser são o conteúdo concreto da ética profissional, donde a importância da reflexão ética que desvela o significado e fundação dos valores universais, e da discussão coletiva que elege os princípios, valores e normas orientadoras da ética profissional e define estratégias coletivas para sua concretização. Percebemos, assim, a complexidade da ética profissional, o que impede de tratá-la apenas em sua formalização, no Código de Ética; no campo da ética não é possível se eximir de escolhas e de responsabilidades, daí a importância do trabalho educativo, do debate coletivo, da participação cívica e política que vincula a profissão à sociedade e exercita os profissionais para uma vivência comprometida com escolhas de valor.

O eixo condutor da exposição é o processo contraditório de afirmação e negação da liberdade, base fundante da construção histórica de uma moralidade crítica profissional pautada no compromisso com valores ético-políticos emancipatórios.

No capítulo 1, ao explicitar as bases ontológico-sociais da ética, o trabalho e as capacidades humanas por ele desenvolvidas — a sociabilidade, a universalidade, a consciência e a liberdade —, busco resgatar os pressupostos do método marxiano: a totalidade, em suas mútiplas determinações, dialeticamente articuladas. Situado em seus modos específicos, na sociedade burguesa, o trabalho é analisado como práxis que simultaneamente afirma e nega as capacidades humano-genéricas desenvolvidas historicamente.

Apersento a concepção ética que elaboro, a partir de minha leitura de Lukács e seus discípulos, especialmente Heller e Mészáros (sem prejuízo de reconhecer as expressivas divergências destes dois pensadores). A ética é definida como uma capacidade humana posta pela atividade vital do ser social; a capacidade de agir conscientemente com base em escolhas de valor, projetar finalidades de valor e objetivá-las concretamente na vida social, isto é, ser livre. Tratada como mediação entre as esferas e dimensões da vida social, e atividade emancipadora, a ética é situada em suas várias formas e expressão: a moral, a moralidade, a reflexão ética e a ação ética como exercício de liberdade ou, como quer Lukács, como "ação virtuosa", apontando-se para sua conexão com a práxis política e para suas formas alienadas, no âmbito da vida cotidiana.

Fundamentada na capacidade teleológica do ser social, situo os projetos sócio-históricos como constitutivos da práxis ético-política, no contexto de luta pela hegemonia. Apresento o Serviço Social em sua dimensão de projeto profissional de caráter ético-político, em sua vinculação com projetos societários, assinalando suas várias formas, na trajetória da profissão. A ética profissional é tomada, em suas particularidades, como expressão: de um *ethos* sociocultural e profissional, da moralidade profissional, de suas bases teóricas e filosóficas, do produto concreto de sua prática, de sua normatização. Tais particularidades são situadas na relação entre as suas demandas ético-políticas e as suas respostas, em cada momento histórico.

No capítulo 2, trato da trajetória ético-política do Serviço Social, evidenciando dois momentos signicativos: o da origem, em que é constituído o *ethos* tradicional e o da década de 60, quando são dadas as possibilidades do processo de renovação que propicia a emergência de um *ethos* de ruptura, ou seja, de uma nova moralidade profissional. Percorrendo o processo histórico da profissão, busco evidenciar, no cenário de suas demandas e respostas, como vão sendo delineadas, afirmadas e negadas determinadas configurações da ética profissional.

Analiso todos os Códigos de Ética brasileiros, os Códigos internacionais das décadas de 60/70, bem como obras que influenciaram o Serviço Social latino-americano e o brasileiro. A análise do processo de construção de uma moralidade de ruptura demandou o recurso à ética marxista tradicional, bem como à sua crítica, no âmbito do processo de renovação do marxismo, nos anos 50, por intermédio de Lukács e de pensadores como Heller e Mészáros. Retomo Marx para evidenciar a crítica lukacsiana e recuperar sua atualidade, em face das questões éticas e políticas do presente.

Com isso, os Códigos de 1986 e 1993 são situados na perspectiva de um mesmo projeto ético-político, porém, como expressões de diferentes interpretações da tradição marxista e de diferentes demandas conjunturais. As potencialidades do Código atual — e do projeto profissional a ele conectado — são afirmadas pela sua projeção de uma nova sociedade, capaz de suprimir os processos de alienação, dominação e exploração inerentes à sociabilidade burguesa. Sua concretude, ou seja, sua viabilização profissional, é dada pela indicação de uma direção social estratégica capaz de objetivar os valores ético-políticos através dos serviços sociais.

A liberdade, a eqüidade, a justiça social e a democracia orientam ética e politicamente a objetivação dos direitos sociais, civis e políticos das classes trabalhadoras. Ao mesmo tempo, ao supor os limites objetivos da cidadania burguesa, fica claro que aqueles valores não se esgotam nessa direção estratégica; donde a sua teleologia dirigida à universalização dos direitos humanos, à democratização e socialização da participação política da riqueza socialmente produzida.

Esse estudo expressa, evidentemente, as feições de quem o fez; no entanto, esse fazer foi construído coletivamente, por isso meu agradecimento a todos os sujeitos que contribuíram, de várias formas, nesse processo. Na PUC-SP, a equipe de Fundamentos Filosóficos e Teológicos do Homem Contemporâneo (PFTHC),Benauro de Oliveira, Mario Sergio Cortella, Terezinha Rios; os professores da Graduação em Serviço Social, Carlos Simões, Cleisa Moreno, Denise Tofik, Isaura Isoldi, Mariângela Belfiori, Marilda Iamamoto, Raquel Raichelis, Regina Giffoni, Rosângela Batistoni e Suzana Medeiros. Lembro com muita saudade de Vicentina Velasco, que me despertou o amor pela filosofia e pela ética e me fez entender o significado da *philia* que vincula o mestre aos discípulos. Agradeço o incentivo do Programa de Estudos Pós-graduados em Serviço Social, sobretudo de Carmelita Yazbek, Dilséa Bonetti, Maria Lucia Carvalho e Miriam Veras Baptista.

Sou grata a todos os alunos; são eles o maior incentivo para a crítica que alimenta a atividade intelectual. Agradeço aos integrantes do Núcleo de Estudos e Aprofundamento Marxista (NEAM) e do Núcleo de Estudos e Pesquisa em Ética e Direitos Humanos (NEPEDH), especialmente Alberto Conwana, Andréa Torres, Cristina Brites, Flávia Costa, Jandira de Barros, João Makuédia, Jorge Arthur Floriani, Laura Santos e Manuel de Abreu.

Agradeço aos (as) companheiros (as) de luta do Conselho Federal de Serviço Social (CFESS), das gestões 1996 e 1999, que foram (e continuam sendo) leais e solidários(as) com meu trabalho, em especial, Israilde Giacometti, Valdete de Barros e Elaine Behring. Ressalto a importante parceria com Beatriz Paiva, Marlise Vinagre e Mione Sales, no trabalho de elaboração da proposta de reformulação do Código de Ética de 1993, com os membros da Comissão de Ética e Direitos Humanos, Carla Bressan, Elaine Behring, Elisabeth Borges, Ieda Castro e Marylucia Mesquita e com os companheiros do Comitê de Entidades de Trabalhadores Sociais do Mercosul, Reinaldo Pontes, Rodolfo Martinez e Gustavo Machado. Lembro igualmente do apoio de Alcina de Castro Martins e Alfredo Henriquéz, do Centro Português de Investigação em História e Trabalho Social (CPIHTS), que se comprometeram com a divulgação da reflexão ética brasileira em Portugal.

Um agradecimento especial às amigas Ana Elizabete Mota, Neide Castanho, Nobuko Kameyana.

A banca examinadora de minha tese de doutorado, os professores Carmelita Yazbek, Celso Frederico, Ênio Brito e Sérgio Lessa, foram fundamentais; suas sugestões foram incorporadas neste trabalho. Sou grata ao meu orientador, José Paulo Netto, por ter me mostrado, com a profundidade que lhe é peculiar, as razões do trabalho intelectual e da inteireza humana.

Enfim, quero agradecer a o apoio e carinho de quem viabilizou esta publicação, José Pinheiro Cortez, Elisabete Borgianni e os membros do Comitê Editorial da Editora Cortez, Ademir Alves da Silva, Dilséa Bonetti, Maria Lucia Carvalho e Rosângela Batistoni.

Devo aos meus filhos, Gisele e José Lourenço (Tuta) e aos amigos de perto, em especial Adler, o suporte afetivo para a tarefa intelectual que resultou nesse livro.

PARTE I
ÉTICA E VIDA SOCIAL:
considerações teórico-metodológicas

CAPÍTULO I
TRABALHO, SER SOCIAL E ÉTICA

1.1. O significado ontológico do trabalho

A sociedade é uma totalidade organizada por esferas (totalidades) cuja (re)produção supõe a totalidade maior, mas se efetua de formas particulares, com regularidades próprias. Conforme a sociedade se complexifica, as esferas sociais podem ganhar uma certa autonomia, o que pode levar a uma falsa compreensão da realidade social: a idéia de que suas esferas podem ser isoladas — umas das outras e em relação à totalidade — para ser analisadas. Outro erro metodológico consiste em supor que uma dada categoria social tem um mesmo desenvolvimento, em qualquer esfera da vida social.

As categorias são modos de ser objetivos; expressam o processo de (re)produção do ser social na história. As econômicas têm uma função primária nesta (re)produção; nenhuma esfera da vida social pode se reproduzir sem responder às suas determinações.[1] Porém, não são equacio-

---

1. "Quando atribuímos uma prioridade ontológica a determinada categoria em relação a outra, entendemos simplesmente o seguinte: a primeira pode existir sem a segunda, enquanto que o inverso é ontologicamente impossível [...] pode existir o ser sem a consciência, enquanto toda consciência deve ter como pres-

nadas da mesma forma e com a mesma intensidade; por exemplo, a reprodução da exploração econômica, gerada na esfera da produção material, supõe a esfera do direito. Mas é falso pensar que ela opere com a mesma dinâmica na fábrica, no Estado, nas leis.

Qual é o lugar da ética na totalidade social? É ela uma esfera específica? Quais são suas categorias fundantes e sua dinâmica particular? A resposta a estas questões supõe a apreensão da totalidade social, tendo como ponto de partida seu dado ontológico primário: o trabalho como pressuposto da existência humana e forma privilegiada de práxis.[2]

Para Marx, o trabalho é o fundamento ontológico-social do ser social;[3] é ele que permite o desenvolvimento de mediações que instituem a diferencialidade do ser social em face de outros seres da natureza. As mediações, capacidades essenciais postas em movimento através de sua atividade vital, não são dadas a ele; são conquistadas no processo histórico de sua autoconstrução pelo trabalho. São elas: a sociabilidade, a consciência, a universalidade e a liberdade.

Essa condição ontológico-social inelimínavel do trabalho, na (re)produção do ser social, dá a ele um caráter universal e sócio-histórico. O trabalho não é obra de um indivíduo mas da cooperação entre os homens; só se objetiva socialmente, de modo determinado; responde a neces-

---

suposto, como fundamento, algo que é, mas disso não deriva nenhuma hierarquia de valor" (Lukács, 1979: 40).

2. Segundo Vázquez, "ação do homem sobre a matéria e criação — através dela — de nova realidade humanizada" (Vázquez, 1977: 245). O conceito de práxis é extremamente complexo, não sendo possível, no âmbito desse trabalho, explicitá-lo em toda sua riqueza e na diversidade de interpretações que recebe. Indico, para consulta, os estudos de Lefèbvre (1965), Kosik (1969), Vázquez (1977), Bermudo (1975) e Frederico (1992 e 1995).

3. "Quando, nesse contexto, atribuímos ao trabalho e às suas conseqüências —imediatas e mediatas — uma prioridade com relação a outras formas de atividade, isso deve ser entendido num sentido puramente ontológico, ou seja, o trabalho é antes de mais nada, em termos genéticos, o ponto de partida da humanização do homem, do refinamento de suas faculdades, processo do qual não se deve esquecer o domínio sobre si mesmo" (Lukács, 1979: 87).

sidades sócio-históricas, produz formas de interação humana como a linguagem, as representações e os costumes que compõem a cultura.

O desenvolvimento da sociabilidade implica a (re)criação de necessidades e formas de satisfação, do que decorre a transformação do ser social e do mundo natural, isto é, do sujeito e do objeto. Uma necessidade primária, como a fome, torna-se social na medida em que suas formas de satisfação são determinadas socialmente e em que, ao serem criadas formas diferenciadas de satisfação, transformam-se os sentidos, habilidades e potencialidades do sujeito.[4]

Além de supor a sociabilidade e a universalidade, o trabalho implica um dado conhecimento da natureza e a valoração dos objetos necessários ao seu desenvolvimento: aí é dada a gênese da consciência humana — como capacidade racional e valorativa. Por ser capaz de agir racionalmente, o homem pode conhecer a realidade, de modo a apreender sua própria existência como produto de sua práxis; a totalidade pode ser reproduzida e compreendida teoricamente.[5] Por ser consciente, o homem age teleologicamente; transforma suas necessidades e formas de satisfação em novas perguntas;[6] autoconstrói-se como um ser de

---

4. "A fome é fome, mas se é satisfeita com carne preparada e cozida e se é ingerida com a ajuda de garfo e faca é diferente da fome que é satisfeita devorando carne crua, destroçada com as mãos, as unhas e os dentes. Não se trata somente do objeto de consumo, mas também do modo de consumo, criado pela produção, tanto em sua forma objetiva como subjetiva" (Marx, 1971, I: 31).

5. "As categorias expressam, portanto, formas e modos de existência e, com freqüência, simples aspectos desta sociedade, deste sujeito; do ponto de vista científico, sua existência é anterior ao momento em que se começa a falar sobre elas como tal" (Marx, 1971, I: 43).

6. "O homem torna-se um ser que dá respostas precisamente na medida em que — paralelamente ao desenvolvimento social e em proporção crescente — ele generaliza, transformando em perguntas seus próprios carecimentos e suas possibilidades de satisfazê-los; e quando em sua resposta ao carecimento que a provoca, funda e enriquece a própria atividade com tais mediações bastante articuladas, de modo que não apenas a resposta, mas também a pergunta é um produto imediato da consciência que guia a atividade" (Lukács, 1978: 5).

projetos; torna-se autoconsciente, como sujeito construtor de si mesmo e da história. O trabalho e seu produto, a cultura, fundam a história, autoconstrução dos próprios homens, em sua relação recíproca com a natureza.

A autoconsciência é um ato de autodeterminação; capacidade humana posta em movimento pelo trabalho. Ao ser capaz de autodeterminar-se o ser social evidencia sua vontade racional liberadora de sua autonomia; pode escolher entre alternativas por ele criadas, traçar o seu destino, superar limites, fazer escolhas, objetivando suas capacidades e deliberações. Por isso, o trabalho é uma atividade teleológica, donde o papel ativo da consciência no processo de autoconstrução humana; o produto objetivo da práxis personifica suas intenções e seus projetos. Esse é o núcleo gerador da liberdade e da ética.

A universalidade, a sociabilidade, a consciência e a liberdade são capacidades humano-genéricas, ou seja, sem as quais a práxis não se realiza com suas potencialidades emancipatórias. Inscritas na dinâmica da totalidade social — cada vez mais complexa e rica em determinações —, tais capacidades são mediações entre os indivíduos e o gênero humano, perpassando por todas as esferas, podendo se desenvolver mais em umas e menos em outras. Isto sem contar que as diversas esferas sociais também se desenvolvem de forma desigual — nelas mesmas e em relação aos indivíduos, classes e estratos sociais.

Se pensarmos, por exemplo, no conhecimento, observaremos que seu desenvolvimento, como capacidade humana, é indispensável ao trabalho, contudo, conforme a sociedade e o conhecimento se complexificam, ele (o conhecimento) deixa de se tornar apenas uma capacidade humana para se institucionalizar numa esfera específica; o que ocorre com a ciência moderna. O mesmo pode ser dito da moral, cuja gênese é dada pela capacidade ética de criar valores que servem de referência à conduta dos indivíduos, em sua convivência social. Na medida em que ela se institucionaliza em normas e deveres sociais, adquire a aparência de uma esfera social particular, como a do direito.

Assim como as escolhas, a orientação de valor é inerente às atividades humanas; sua criação é objetiva, também gerada a partir do trabalho. Para transformar a natureza, o homem desenvolve um certo nível de conhecimento que lhe permite saber quais são as formas apropriadas para essa intervenção. Por exemplo, ele descobre que pode produzir o fogo, usando certos objetos da natureza, ou, que pode construir instrumentos de trabalho. Em todas estas ações, o produto de sua transformação torna-se um valor que não existe no objeto em si, mas que é produto da atividade humana.[7]

A valoração de um objeto supõe sua existência material concreta: seu valor corresponde a uma práxis que o transformou em algo novo que responde às suas necessidades, e, como tal, é bom, útil, belo etc. Por isso, o valor não é uma decorrência apenas da subjetividade humana; ele é produto da práxis.

A dinâmica complexa das mediações sociais faz com que os valores se desdobrem em múltiplos significados. Uma faca existe em função de suas propriedades materiais e de sua utilidade para o homem; ela é útil porque corta os alimentos, por exemplo. Mas uma faca também pode matar e isto pode ser valorado positiva ou negativamente, dependendo das circunstâncias; pode matar um animal para salvar uma vida — então ela é útil e propicia uma ação moralmente positiva. Quem matou será considerado valente; isso pode gerar uma norma moral: a valentia passa a ser um valor desejável e quem for valente será julgado positivamente. Assim se coloca o caráter objetivo dos valores; eles sempre correspondem a necessidades e possibilidades sócio-históricas dos homens, em sua práxis.[8]

---

7. "Para produzir, por exemplo, com o fogo, a carne, o espeto, etc., um alimento humano — as propriedades, as relações, etc., destes objetos que são apresentados objetivamente em si e de modo absolutamente independente do sujeito ativo, devem ser corretamente conhecidas e corretamente usadas" (Lukács, 1981: XLV).

8. Mesmo os elementos da natureza que não são transformados pelo homem são valorizados por ele em função da conjunção entre suas propriedades e

A práxis não tem como objeto somente a matéria; também supõe formas de interação cultural entre os homens. Para transformar a realidade produzindo um mundo histórico-social, os homens interagem entre si e tendem a influir uns sobre os outros, buscando produzir finalidades coletivas. A práxis interativa, por exemplo, emerge como necessidade posta pelo desenvolvimento da sociabilidade; sua especificidade está no fato de objetivar uma transformação da realidade em sua dimensão consciente, valorativa, cognoscitiva, teleológica. Nesse sentido, a vida social se constitui a partir de várias formas de práxis, cuja base ontológica primária é dada pela práxis produtiva objetivada pelo trabalho.

A gênese das escolhas e alternativas de valor são indissociáveis da práxis; por isso são categorias objetivas e históricas.[9] Os valores, instituídos pela intervenção primária do homem na natureza, estabelecem mediações entre o homem e o objeto. Quando o homem cria uma obra de arte, se auto-reconhece no produto de sua ação como um sujeito criador. O objeto criado é valoroso para ele porque expressa sua capacidade teleológica e prática. Ao mesmo tempo, esse objeto passa a existir independentemente do indivíduo que o criou; como objeto artístico, cria valores e in-

---

as necessidades sociais como mostra Lukács: "o vento é um fator da natureza que por si só nada tem a ver com idéias de valor. Os navegantes, porém, desde os tempos antiqüíssimos, sempre falaram de ventos favoráveis ou desfavoráveis; de fato, pois no processo de trabalho da navegação à vela, do lugar x para o lugar y, há uma força e direção do vento e o mesmo rumo que, em geral, têm as propriedades materiais do meio e do objeto do trabalho. Nesse caso, então, o vento favorável ou desfavorável é um objeto no âmbito do ser social, do intercâmbio orgânico da sociedade com a natureza; e a validade e não validade fazem parte das suas propriedades objetivas, enquanto momentos de um complexo concreto do processo de trabalho" (Lukács, 1981: XVII-XVIII).

9. "Só se pode falar de valor no âmbito do ser social" [e que] "tão-somente na medida em que o desenvolvimento do ser social, em sua forma ontologicamente primária, ou seja, no campo da economia (do trabalho), produz um desenvolvimento das faculdades humanas, tão-somente então é que seu resultado — como produto da auto-atividade do gênero humano — ganha um caráter de valor, o que se dá conjuntamente com sua existência objetiva e é indissociável dessa" (Lukács, 1981: XIV).

terfere no gosto estético da humanidade, propiciando a consciência da genericidade humana.[10] Por essas determinações ontológicas, o produto da práxis é a expressão concreta da transformação dialética operada subjetiva e objetivamente na relação entre o sujeito e o objeto,[11] entre os indivíduos e o gênero humano. Tendo como suposto que o valor é uma categoria ontológico-social — por isso sempre objetiva —, podemos considerar as várias expressões de valor como mediações — cada vez mais complexas —, inscritas no desenvolvimento histórico do ser social. Podemos falar de valores éticos, estéticos, científicos, religiosos e de categorias orientadoras de valor, tais como: bom e mau, belo e feio, verdadeiro e falso, sagrado e profano.[12] Ao mesmo tempo, as ações são sempre orientadas por categorias de valor, em geral, por mais de uma.[13]

---

10. "O homem torna a sua própria atividade vital objeto do seu querer e da sua consciência. Tem atividade vital consciente... precisamente apenas por isto é que ele é um ser genérico. Ou ele só é um ser consciente, i. é, a sua própria vida é para ele um objeto, precisamente porque ele é um ser genérico. Só por isso a sua atividade é atividade livre... o homem é um ser genérico não apenas na medida em que prática e teoricamente torna objeto seu o gênero, tanto o seu próprio como o das restantes coisas, mas também — e isto é apenas uma outra expressão para a mesma coisa — mas também na medida em que se comporta para consigo próprio como gênero vivo, presente, na medida em que ele se comporta para consigo próprio como um ser universal, por isso livre" (Marx, 1993: 66-68).

11. "Subjetivamente, a situação do agente é distinta porque seu propósito foi realizado num objeto que o satisfaz. Objetivamente, a situação é distinta porque o objeto confronta agora o agente não simplesmente como uma entidade separada, mas como algo seu, ou seja, o objeto chega a ser, como em geral se diz, bom para algo, e tem um valor para o sujeito. O sujeito criou assim esse valor em sua atividade e reconhece esse valor como objeto" (Gould, 1983: 76-77).

12. "O par mais geral de categorias orientadoras de valor é bom/mau. Esse par pode substituir, de modo plausível, todos os outros pares categoriais; portanto, representa para nós o par categorial primário. Pares categoriais secundários são os seguintes: verdadeiro/falso, bem/mal, belo/feio, justo/injusto, eficaz/ineficaz, agradável/desagradável, sagrado/profano. Via de regra, não teria sentido substituí-los reciprocamente... uma ação pode ser tão bela quanto útil; mas esses dois conceitos representam dois aspectos diversos" (Heller, 1983: 58).

13. "Quando afirmo ou nego, convido, proíbo ou aconselho, amo ou odeio, desejo ou abomino, quando quero obter ou evitar alguma coisa, quando rio, cho-

Mas, dada a complexidade da totalidade sócio-histórica, os valores não operam da mesma forma em cada esfera social. Por exemplo, podemos pensar que os valores estéticos têm a mesma legalidade dos valores econômicos? Que as relações de produção são movidas por critérios da beleza? Uma vez que todas as dimensões da vida humana são inter-relacionadas, é claro que existe a possibilidade de apreendermos padrões estéticos na análise do trabalho. Mas isso não significa afirmar que sejam eles seus determinantes primários. Dada a centralidade do valor econômico, porém, o inverso não tem a mesma medida, ou seja, o valor de uma obra de arte no mercado nem sempre é dado pela sua qualidade estética.

O indivíduo social é ao mesmo tempo, enquanto portador do ser social, um ser genérico e uma expressão singular. A (re)produção da totalidade social se faz de tal modo que o indivíduo reproduza a si mesmo, como singularidade e genericidade.[14] como vimos no exemplo da criação artística. Este processo é movido por mediações que operam tanto no sentido de afirmação das capacidades essenciais do ser social, quanto no de sua negação. Disso decorre a dinâmica da história, evidenciando um desenvolvimento desigual, extensiva e intensivamente, o que significa afirmar que as objetivações humano-genéricas não são apropriadas por todos os indivíduos, em toda a história e, em cada momento específico, nas diversas esferas.

São objetivações genéricas aquelas que expressam as conquistas da humanidade, em termos do que foi construído e valorado como algo que possibilitou a criatividade, a multiplicidade de gostos e aptidões, a realização da liber-

---

ro, trabalho, descanso, julgo ou tenho remorsos, sou sempre guiado por alguma categoria orientadora de valor, freqüentemente mais de uma" (Heller, 1983: 58).

14. "A vida individual e a vida genérica do homem não são diversas, por muito que — e isso necessariamente — o modo de existência da vida individual seja um modo mais particular ou mais universal da vida genérica ou por mais que a vida genérica seja uma vida individual mais particular ou mais universal" (Marx, 1993: 95).

dade, da sociabilidade, da universalidade, da consciência, ou seja, do desenvolvimento multilateral de todas as capacidades e possibilidades humanas, o que, para Marx, corresponde à "riqueza humana":

"Em todas as formas, ela [a riqueza representada pelo valor] se apresenta sob forma objetiva, quer se trate de uma coisa ou de uma relação mediatizada por uma coisa, que se encontra fora do indivíduo e casualmente a seu lado [...] mas, *in fact*, uma vez superada a limitada forma burguesa, o que é a riqueza se não a universalidade dos carecimentos, das capacidades, das fruições, das forças produtivas, etc., dos indivíduos, criada no intercâmbio universal? O que é a riqueza se não o pleno desenvolvimento do domínio do homem sobre as forças da natureza, tanto sobre as da chamada natureza quanto sobre as da sua própria natureza? O que é a riqueza se não a explicitação absoluta de suas faculdades criativas, sem outro pressuposto além do desenvolvimento histórico anterior, que torna finalidade em si mesma essa totalidade do desenvolvimento, ou seja, do desenvolvimento de todas as forças humanas enquanto tais, não avaliadas segundo um metro já dado? Uma explicitação na qual o homem não se reproduz numa dimensão determinada, mas produz sua própria totalidade? Na qual não busca conservar-se como algo que deveio, mas que se põe no movimento absoluto do devir?" (Marx, 1971, I: 372).

1.2. Trabalho e alienação

No contexto da sociedade capitalista, em face da apropriação privada dos meios de produção e das formas pelas quais se objetiva a (re)produção da vida social, o trabalho se realiza de modo a negar suas potencialidades emancipadoras. Invertendo seu caráter de atividade livre, consciente, universal e social, propicia que os indivíduos que realizam o trabalho não se reconheçam, nele, como sujeitos.[15]

---

15. "A alienação [...] complexo simultaneamente de causalidades e resultantes histórico-sociais, desenvolve-se quando os agentes sociais particulares

Ao ser alienado, em todo o processo, da atividade que lhe confere identidade humana,[16] o trabalhador se aliena do objeto que ele mesmo criou; com isso se aliena da atividade, da relação — consigo mesmo e com os outros.

Cria-se uma cisão entre sujeito e objeto, uma relação de "estranhamento"[17] que permite a (re)produção de relações sociais nas quais a riqueza humana socialmente construída não é apropriada material e espiritualmente pelos indivíduos que a construíram;[18] o produto da atividade humano-genérica se converte em algo que "não diz respeito" aos indivíduos singulares, o próprio indivíduo se torna objeto e os objetos passam a valer como coisas.

A coisificação das relações sociais e a transformação da riqueza humana, ou seja, do produto material e espiri-

---

não conseguem discernir e reconhecer nas formas sociais o conteúdo e efeito de sua ação e intervenção; assim, aquelas formas e, no limite, a sua própria motivação à ação lhes aparecem como alheias e estranhas" (Netto, 1981: 74).

16. O trabalhador é alienado da totalidade do processo de trabalho, ou seja, da propriedade dos meios de trabalho, do controle sobre o processo de trabalho e de seu produto final. Como trabalhador assalariado, ele só dispõe de sua força de trabalho, entrando no processo em condições desiguais; durante o processo, sua participação é fragmentada, pois ele não tem controle sobre a totalidade do mesmo; utiliza suas capacidades de forma limitada e não se apropria do produto do t abalho. Sai do processo tendo criado um valor a mais — a mais-valia —, que excede o valor de seu salário e é apropriado pelo capital, e um produto que não lhe pertence e com o qual ele não se identifica; seu salário lhe permite somente sobreviver fisicamente para reiniciar o processo.

17. "O caráter social da atividade e do produto, assim como a participação do indivíduo na produção são aqui estranhos ao indivíduo. As relações que estes fenômenos mantêm, constituem, de fato, uma subordinação a relações que existem independentemente deles e que surgem do enfrentamento entre os indivíduos independentemente uns dos outros. O intercâmbio universal de atividades e de produtos que se converteu em condição de vida e em relação mútua de todos os indivíduos particulares se apresenta a eles como uma coisa estranha e independente" (Marx, 1971, I: 90).

18. "Com o nascimento da propriedade privada, o produto do trabalho se separa do trabalho, se converte em objeto alheio, em propriedade de outro; o objeto e resultado da atividade se aliena do sujeito ativo. Sobre essa base se produz o fenômeno geral da alienação, pelo qual as forças e os produtos sociais da atividade humana se subtraem do controle e da força dos indivíduos; se transformam em forças a eles contrapostas. Por isso, nas condições de alienação, a discrepância, já mencionada, entre a evolução social e individual é um fenômeno necessário, inevitável" (Markus, 1974: 61).

tual da práxis, em objetos estranhos e dotados de uma vida própria, que aparecem aos homens como um "poder" que os domina.[19] propiciam que os valores tomem a forma de coisas que valem independentemente da atividade humana.

Na sociedade capitalista madura, observa-se uma contradição fundante: pensada a partir das sociedades precedentes, a sociedade moderna efetua o maior desenvolvimento das forças produtivas e das capacidades humano-genéricas e, simultaneamente, produz o maior grau de alienação. A alienação se (re)cria em novas formas, que invadem todas as dimensões da vida social e a objetivação do ser social, como um ser da práxis, passa a constituir-se como um campo de possibilidades; se realiza em termos do desenvolvimento humano-genérico mas não se objetiva para o conjunto dos indivíduos sociais.

Todas as atividades humanas contêm uma relação de valor; são orientadas, às vezes, por mais de uma, mas, dada a centralidade da produção material efetuada pela práxis produtiva, o valor econômico tende a influenciar todas as esferas. Na sociedade capitalista, os valores éticos, estéticos, tendem a se expressar como valores de posse, de consumo, reproduzindo sentimentos, comportamentos e representações individualistas, negadoras da alteridade e da sociabilidade livre.

Por exemplo, o amor pode ser vivido como coisa, isto é, como algo que tem valor de troca, de consumo, de posse. A liberdade, que existe em função da capacidade delibera-

---

19. "O operário se relaciona com o produto do seu trabalho como um objeto estranho [...] quanto mais o operário se esmera tanto mais poderoso se torna o mundo objetivo, estranho, que ele cria perante si próprio, tanto mais pobre ele próprio, o seu mundo exterior, se tornam, tanto menos lhe pertence de seu [...] o operário põe sua vida no objeto; porém ela já não lhe pertence, mas ao objeto [...] o desapossamento do operário no seu produto tem o significado, não só de que o seu trabalho se torna um objeto, uma existência exterior, mas também de que ele existe fora dele independente e estranho a ele e se torna um poder autônomo frente a ele, de que a vida que ele mesmo emprestou ao objeto, o enfrenta de modo estranho e hostil" (Marx, 1993: 62-63).

dora e sociabilizadora do homem, pode se transformar, objetivamente, em seu oposto; pode ser vivenciada como algo que impede a sociabilidade e a autonomia. É o que ocorre quando os indivíduos vivem exclusivamente voltados ao "eu", tratando o outro como um limite à sua liberdade. Principalmente, as normas e deveres morais passam a configurar-se como exigências externas aos indivíduos; exigências que não lhes dizem respeito, mas a que devem "obedecer"; a moral se transforma num conjunto de obrigações formais, marcadas por um significado negativo, repressivo.

Nas formas de ser reificadas da sociedade capitalista madura, as esferas e dimensões da vida social são fragmentadas em "compartimentos" isolados e aparentemente "autônomos", donde a idéia de que existe uma moral privada, outra pública; uma moral sexual, por exemplo, que se realiza de modos diferenciados, na vida privada e na pública. Mas essa aparência, expressão da alienação, não rompe totalmente com os vínculos e mediações reais; eles se (re)produzem de forma contraditória, operando-se um movimento de afirmação e negação da totalidade social, em todas as suas esferas.

Portanto, dada a contraditoriedade da história, a alienação coexiste com a práxis emancipadora, evidenciando o movimento de afirmação e negação das potencialidades e possibilidades humanas; de criação e perda relativa de valores; de reprodução da singularidade alienada e da genericidade emancipadora. Neste contexto, a coexistência entre o maior desenvolvimento das forças essenciais do ser social e sua negação é a forma de ser contraditória da sociedade capitalista; "uma ordem social que progride pelo desenvolvimento das contradições a ela imanentes [...] atinge a liberdade pela exploração, a riqueza pela pobreza, o crescimento da produção pela restrição do consumo [...] o mais alto desenvolvimento das forças produtivas coincide com a opressão e a miséria totais" (Marcuse, 1978: 284 e 285).

1.3. As atividades emancipadoras

Embora o indivíduo seja simultaneamente um ser singular e genérico, não é através de sua singularidade que ele se expressa como representante do gênero humano. Isto porque a consciência do humano genérico jamais se orienta para o "eu", característico da esfera da vida na vida cotidiana; nela, as necessidades humanas tornam-se conscientes para os indivíduos, mas operam sempre no âmbito da singularidade, como diz Heller: "O 'Eu' tem fome, sente dores (físicas ou psíquicas); no 'Eu' nascem os afetos e as paixões. A dinâmica básica da particularidade individual humana é a satisfação dessas necessidades do 'Eu'" (Heller, 1972: 21).[20]

A vida cotidiana[21] é insuprimível; nela, o indivíduo se socializa, aprende a responder às necessidades práticas imediatas, assimila hábitos, costumes e normas de comportamento. Ao incorporar tais mediações, vincula-se à sociedade, reproduz o desenvolvimento humano-genérico, mas as formas dessa incorporação caracterizam-se por uma dinâmica voltada à singularidade, não à genericidade.

---

20. Chamo a atenção para o fato de Heller utilizar o termo *particular* ao invés de *singular*. Sabe-se que Lukács (1978), analisando a complexa relação entre estes níveis, situou o particular como campo de mediações entre o paradoxal e o singular; o autor da *Ontologia do Ser Social*, referindo-se a tal campo, trata-se da categoria da particularidade, recorrendo à palavra alemã *BESONDERHEIT*. Heller, em seus estudos sobre a cotidianeidade (Heller, 1972-1977), ao referir-se aos traços característicos dos indivíduos singulares, utiliza a palavra *PARTICULARITAT* que, traduzida embora em línguas neolatinas também como *particularidade*, tem carga semântica intensamente direta de *BESONDERHEIT*. Consignamos aqui a distinção porque, ao longo do texto, ao atarmos Heller, *particularidade* corresponde sempre ao conteúdo de *PARTICULARITAT* e não de *BESONDERHEIT*.

21. Netto assim expõe as características da vida cotidiana: a heterogeneidade: "intercessão das atividades que compõem o conjunto das objetivações do ser social [...] um universo em que, simultaneamente, se movimentam fenômenos e processos de natureza composita"; a imediaticidade: "relação direta entre pensamento e ação"; a superficialidade extensiva: "a vida cotidiana mobiliza em cada homem todas as atenções e todas as forças, mas não toda a atenção e toda a força" (Netto, 1987: 66).

A interação entre o indivíduo e a sociedade se faz de modo tal que a consciência do "eu" e a do "nós" não se constituem em antíteses; isto porque as motivações do "eu" são sociais; sempre se referem a um grupo, a um quadro de valores socialmente legitimados, a um conjunto de ideais, a costumes, ou seja, à cultura existente ou à sua negação. No entanto, "o representante do humano-genérico não é jamais um homem sozinho, mas sempre uma integração (tribo, demos, estamento, classe, nação, humanidade) [...]" (Heller, 1972: 21).

Na vida cotidiana, a relação entre o indivíduo e a sociedade se faz de modo espontâneo, pragmático, heterogêneo, acrítico; o "nós" é geralmente apreendido como aquele pelo qual o "eu" existe, ou seja, através de uma identificação imediata.[22] O indivíduo responde às necessidades de sua reprodução sem apreender as mediações nelas presentes; por isso, é característico do modo de ser cotidiano o vínculo imediato entre pensamento e ação, a repetição automática de modos de comportamento.

Isto, porém, não significa a inexistência de mediações, mas que, no âmbito do cotidiano, elas permanecem ocultas pela aparência imediata dos fatos, dadas a espontaneidade e a rapidez com que são apreendidas e a forma como se manifestam no âmbito da alienação. Os modos de comportamento, valores e motivações aparecem à consciência como elementos que existem e funcionam em si e por si mesmos, possibilitando que sejam tratados como uma soma de fenômenos, desconsiderando-se suas relações e vínculos sociais.[23] O cotidiano, portanto, propicia que o indiví-

---

22. "A 'consciência de nós' se desenvolve no particular paralelamente à consciência do 'eu'. somente o egoísta-individualista consciente não tem uma 'consciência de nós', porém isto não constitui nele o ponto de partida, mas sim um efeito: o efeito da reflexão e do modo de vida" (Heller, 1977: 85).
23. Como analisa Netto, a heterogeneidade e imediaticidade da vida cotidiana "implicam que o indivíduo responda levando em conta o somatório de fenômenos que compareçam em cada situação precisa, sem considerar as relações que os vinculam" (Netto, 1987: 66).

duo se perceba somente como ser singular; ele põe em funcionamento todas as suas capacidades, paixões e motivações, coloca-se inteiro, mas somente no âmbito da singularidade.[24]

Por isso, não é próprio do comportamento cotidiano o acesso à consciência humano-genérica, pois o grau de utilização das capacidades no cotidiano, ou seja, sua intensidade, coloca-se abaixo do nível necessário às atividades orientadas às objetivações genéricas.[25] Não é somente pela intensidade que as motivações se definem em sua cotidianidade mas, principalmente, pelo fato de serem motivações passivas, cuja hierarquia não obedece a uma escolha consciente e crítica, nem a uma finalidade que busque transcender o imediato; a cotidianidade se move em função do critério de utilidade prática das ações e não do desvelamento de seu significado. Sendo assim, a atividade teórica, por exemplo, não faz parte da vida do indivíduo, enquanto ele está mergulhado em sua cotidianidade.

Apesar das características que fazem da vida cotidiana o espaço de reprodução da vida voltada prioritariamente à singularidade, ao "eu", a cotidianidade é um elemento ontológico do ser social, ou seja, insuprimível, desempenhando uma função necessária à vida em sociedade, pois é nessa dimensão da vida social que o indivíduo assimila as formas mais elementares de responder às necessidades de autoconservação: aprende a manipular os objetos de acordo com os costumes de sua época e com suas necessidades práticas imediatas; assimila as formas

---

24. "A vida cotidiana é a vida do homem inteiro, ou seja, o homem participa na vida cotidiana com todos os aspectos de sua individualidade, de sua personalidade. Nele, colocam-se em funcionamento todos os seus sentidos, todas as suas capacidades, suas habilidades manipulativas, seus sentimentos, paixões, ideais, ideologias" (Heller, 1972: 17).
25. "O fato de que todas as suas capacidades se coloquem em funcionamento determina também, naturalmente, que nenhuma delas possam realizar-se, nem de longe, em toda a sua intensidade" (Heller, 1972: 17).

de comunicação e os costumes, ou seja, inicia seu processo de socialização.[26] Na medida em que, na vida cotidiana, o indivíduo expressa motivações heterogêneas, efêmeras, carregadas de espontaneísmo e repetição acrítica, não faz parte do cotidiano a profundidade, a amplitude e a intensidade necessárias às atividades em que o homem entra em contato com suas capacidades essenciais, ou seja, com sua capacidade de criar, transformar, escolher, valorizar de forma consciente. Por isso, a atividade cotidiana não é uma práxis.[27] A relação consciente do indivíduo singular com a sua genericidade supõe uma elevação acima da cotidianidade, instaurando um processo de homogeneização: concentração de toda a atenção numa única tarefa e o emprego de toda a força numa objetivação que permita a ele se reconhecer como representante do gênero humano.[28] A elevação do singular ao humano genérico é a expressão da individualidade humana, pois ela não supõe a eliminação do singular, mas a sua relação com a genericidade através da mediação da consciência. Quando o indivíduo ascende à consciência humano-genérica, sua singularidade é superada e ele se torna "inteiramente homem".[29]

---

26. "O homem nasce já inserido em sua cotidianidade; o amadurecimento do homem significa, em qualquer sociedade, que o indivíduo adquire todas as habilidades imprescindíveis para a vida cotidiana da sociedade (camada social) em questão; é adulto quem é capaz de viver por si mesmo em sua cotidianidade" (Heller, 1972: 18).
27. "A atividade prática do indivíduo só se eleva ao nível da práxis quando é atividade humano-genérica consciente; na unidade viva e muda de particularidade e genericidade, ou seja, na cotidianidade, a atividade individual não é mais do que uma parte da práxis, da ação total da humanidade que, construindo a partir do dado, produz algo novo, sem com isso transformar em novo o já dado" (Heller, 1972: 32).
28. "Significa, por um lado, que concentramos toda a nossa atenção num 'suspendemos' toda outra atividade durante a execução da anterior tarefa; e, por outro lado, que empregamos toda a nossa inteira individualidade humana na resolução dessa tarefa [...] esse processo não se realiza arbitrariamente, mas — tão-somente de modo que nossa particularidade individual se dissipe na atividade humano-genérica que escolhemos" (Heller, 1972: 27).
29. "A ação do homem não é só indiretamente, mas diretamente parte integrante da práxis humana em seu conjunto [...] é um homem 'inteiramente comprometido'" (Heller, 1977: 116).

O trabalho é parte significativa da vida cotidiana,[30] expressando, em termos do desenvolvimento humano-genérico, a universalidade do ser social e, em termos da cotidianidade, sua singularidade alienada: "o trabalho apresenta dois aspectos: como execução de um trabalho é parte da vida cotidiana, como atividade de trabalho é uma objetivação diretamente genérica. Marx, para distingui-los, utiliza-se de dois termos distintos: ao primeiro denomina *labour*, ao segundo, *work* se converte em sinônimo de trabalho alienado" (Heller, 1977: 119).

Apesar de a vida cotidiana ser a esfera que mais se presta à alienação, isso não quer dizer que ela seja ontologicamente alienada; "a vida cotidiana não é alienada necessariamente, em conseqüência de sua estrutura, mas apenas em determinadas circunstâncias sociais" (idem: 39).

Desta forma, a elevação ao humano-genérico não implica a supressão da vida cotidiana e sim, a ampliação das possibilidades de objetivação do humano-genérico, ou seja, a criação de condições favorecedoras da elevação acima da cotidianidade, para o conjunto dos indivíduos sociais, supõe a supressão da alienação, não da vida cotidiana.

Algumas atividades permitem uma ampliação da relação consciente do indivíduo com a genericidade: o trabalho, a arte, a ciência, a filosofia, a política e a ética. Isto só é possível porque a alienação não é absoluta, mas coexiste com formas de vida não alienadas. Como diz Heller:

"O homem nasce num mundo — concreto — que está mais ou menos alienado. Sem dúvida, nem todos os particulares devem aceitar obrigatoriamente este mundo, nem aceitá-lo

---

30. "São partes orgânicas da vida cotidiana: a organização do trabalho e da vida privada, os lazeres e o descanso, a atividade social sistematizada, o intercâmbio e a 'purificação". Segundo Heller, não existe uma barreira entre a vida cotidiana e o humano-genérico: "o genérico está 'contido' em todo homem e, mais precisamente, em toda atividade que tenha caráter genérico, embora seus motivos sejam particulares. Assim, por exemplo, o trabalho tem freqüentemente motivações particulares, mas a atividade de trabalho — quando se trata de trabalho efetivo (isto é, socialmente necessário) — é sempre atividade do gênero humano" (Heller, 1972: 18 e 21).

precisamente como é; nem todos estão obrigados a identificar-se com as formas alienadas de comportamento" (Heller, 1977: 55).

As atividades propiciadoras da conexão dos indivíduos com o gênero humano explicitam capacidades como: criatividade, escolha consciente, deliberação em face de conflitos entre motivações singulares e humano-genéricas, vinculação consciente com projetos que remetem ao humano-genérico, superação de preconceitos, participação cívica e política. Todas elas estão vinculadas com valores; a maior parte exemplifica a capacidade ética do ser social.

1.4. A capacidade ética do ser social

1.4.1. A natureza das objetivações morais

A moral origina-se do desenvolvimento da sociabilidade; responde à necessidade prática de estabelecimento de determinadas normas e deveres, tendo em vista a socialização e a convivência social. Faz parte do processo de socialização dos indivíduos, reproduzindo-se através do hábito e expressando valores e princípios socioculturais dominantes, numa determinada época histórica. Possibilita que os indivíduos adquiram um "senso" moral (referido a valores, por exemplo, a justiça), ou seja, tornem-se conscientes de valores e princípios éticos. Ao serem internalizados, transformam-se em orientação de valor para o próprio sujeito e para juízos de valor em face dos outros e da sociedade.[31]

O senso moral ou moralidade é uma medida para julgar se os indivíduos estão socializados, ou seja, se são responsáveis por seus atos e comportam-se de acordo com as

---

31. "A moral, ao contrário do direito, passa por um momento subjetivo de decisão individual" (Simões, 1990: 57).

normas e os valores socialmente determinados. Por isso, a moral tem uma função integradora; estabelece uma mediação de valor entre o indivíduo e a sociedade; entre ele e os outros, entre sua consciência e sua prática. Ao mesmo tempo, produz novas mediações; influi, por exemplo, nos sentimentos, na medida em que valora os comportamentos e se reproduz por deveres. Quando um indivíduo não cumpre um dever estabelecido, ou quando vai contra uma norma moral, é julgado moralmente e sente-se "envergonhado". Ou, ao contrário, quando se comporta conforme o dever, é "admirado" e sente-se "orgulhoso" de si mesmo.

A moral interfere nos "papéis" sociais, donde sua caracterização como um modo de ser, um *ethos* que expressa a identidade cultural de uma sociedade, de uma classe, de um estrato social, num determinado momento histórico. Por sua perspectiva consciente, ou seja, pelo fato de o indivíduo aceitar intimamente os valores, passa a fazer parte do seu "caráter"; por sua função integradora, estabelecendo vínculos sociais, está presente em todas as atividades humanas.[32]

Ontologicamente considerada, a moral é uma relação entre o indivíduo singular e as exigências genérico-sociais:

> "Uma relação entre as atividades humanas. Essa relação é — para empregarmos uma expressão bastante abstrata — a conexão da particularidade com a universalidade genericamente humana. A portadora dessa universalidade do gênero é sempre alguma estrutura social concreta, alguma comunidade, organização ou idéia, alguma exigência social" (Heller, 1972: 5).

---

32. "Já nas primeiríssimas operações laborativas, as mais primordiais conseqüências da incipiente divisão de trabalho colocam aos homens tarefas cuja execução exige e mobiliza forças psíquicas novas, diversas daquelas requeridas pelo processo laborativo verdadeiro e próprio (pense-se na coragem pessoal, na astúcia e engenhosidade, no altruísmo em certos trabalhos executados coletivamente). As posições teleológicas que aí intervêm, por isso, estão — tão mais explicitamente quanto mais desenvolvida é a divisão social do trabalho — diretamente no imediato a despertar, corroborar e consolidar nos homens estes sentimentos tornados indispensáveis" (Lukács, 1981: XXIV).

Ao converter as necessidades imediatas em exigências internas, conscientes, a moral propicia a suspensão da singularidade; porém, pela sua forma peculiar de submeter o indivíduo às exigências socioculturais através de normas e deveres, pode se configurar como uma forma de alienação. Isso depende das exigências, da forma como elas se objetivam e do seu produto objetivo, isto é, de sua direção social.

Considerada em seus fundamentos ontológicos, a moral é parte da práxis interativa; é fundada sobre posições teleológicas que não se vinculam diretamente à esfera econômica, mas dependem dessa base para se reproduzir.[33] Sob essa perspectiva, contém uma série de potencialidades emancipadoras: é uma expressão da capacidade autolegisladora do ser social; supõe a adoção de valores, a escolha entre eles; torna o indivíduo responsável pelos seus atos, amplia sua consciência, estabelece vínculos sociais, propicia um exercício de autonomia, entre outros.

Porém, tais potencialidades, em determinadas condições sociais, podem ser direcionadas para o seu oposto. Por um lado, isso é facilitado na sua inserção na vida cotidiana; por outro, pela sua natureza normativa.

A moral é parte fundamental da vida cotidiana, pois a reprodução das normas depende do espontaneísmo e da repetição para que elas se tornem hábitos e se transformem em costumes que respondam às necessidades de integração social. A legitimação das prescrições morais implica uma aceitação subjetiva, pois, se não forem intimamente valorizadas elas não se reproduzem diante das situações cotidianas — em que a necessidade de escolha entre uma ou mais alternativas se faz presente. A partir do momento em que os indivíduos incorporam determinados papéis e comportamentos, reproduzem-nos espontaneamente, donde a tendência da vida cotidiana: as escolhas nem sempre significam um exercício de liberdade.

---

33. Vale lembrar que não se trata de uma hierarquia de valor; a prioridade é ontológica.

É preciso distinguir consciência e subjetividade; no âmbito da cotidianidade, os valores morais tendem a ser interiorizados acriticamente. Por força da tradição e dos costumes e pela constante repetição tornam-se hábitos; a assimilação espontânea não significa, necessariamente, uma adesão consciente. No nível da cotidianidade, as normas podem ser aceitas interiormente, defendidas socialmente sem que, no entanto, possamos afirmar que essa aceitação tenha ocorrido de maneira livre, porque a escolha livre pressupõe a existência de alternativas e seu conhecimento crítico. Sendo assim, a consciência implica a subjetividade, mas esta pode legitimar determinadas normas e valores sem que seja um ato consciente, isto é, livremente escolhido, a partir do conhecimento das alternativas e da responsabilidade pelas escolhas.

Na sociedade de classes, a moral cumpre uma função ideológica precisa: contribui para uma integração social viabilizadora de necessidades privadas, alheias e estranhas às capacidades emancipadoras do homem. Pela sua natureza normativa e pela sua estrutura de "subordinação das necessidades, desejos, aspirações particulares às exigências sociais" (Heller, 1977: 133), ainda que não diretamente, mas através de mediações complexas, a moral é perpassada por interesses de classe e por necessidades de (re)produção das relações sociais que fundam um determinado modo de produzir material e espiritualmente a vida social.

Nessas condições, as "escolhas" são direcionadas por determinantes ideológicos coercitivos, voltados à dominação; nem sempre são propiciadoras da liberdade. Por isso, a autonomia do indivíduo e sua consciência, em face da moral socialmente dada, são sempre relativas a circunstâncias sociais e históricas:

"Entendemos por autonomia o que sucede quando, na eleição entre alternativas, o ato de eleger, seu conteúdo, sua resolução etc., estão marcados pela individualidade da pessoa. Evidentemente, no plano ontológico, tem o primado a alternativa; sem alternativas não há autonomia, enquanto que sem autonomia sempre pode haver alternativas" (Heller, 1977: 58).

I.4.2. Vida cotidiana e alienação moral

A cotidianidade é o campo privilegiado de reprodução da alienação, tendo em vista sua repetição acrítica dos valores, sua assimilação rígida dos preceitos e modos de comportamento, seu pensamento repetitivo e ultrageneralizador. No campo da moral, a alienação da vida cotidiana se expressa, especialmente, pelo moralismo, movido por preconceitos.

Pela sua peculiaridade pragmática e ultrageneralizadora, o pensamento cotidiano fundamenta-se em juízos provisórios, pautados em estereótipos, na opinião, na unidade imediata entre o pensamento e a ação.

"Por um lado, assumimos estereótipos, analogias e esquemas já elaborados; por outro, eles nos são 'impingidos' pelo meio em que crescemos e pode-se passar muito tempo até que percebamos com atitude crítica esses esquemas recebidos, se é que chega a produzir-se tal atitude. Isso depende da época e do indivíduo" (Heller, 1972: 44).

A ultrageneralização é necessária no nível da cotidianidade; porém, como decorrência de juízos provisórios, pode ser modificada. Para isso, é preciso que eles sejam refletidos, teórica e criticamente, e refutados pela ação prática; nesse sentido, tais juízos não são necessariamente preconceitos; passam a sê-los quando, mesmo refutados pela teoria e pela prática, continuam a fundamentar o pensamento e as ações: "os juízos provisórios refutados pela ciência e por uma experiência cuidadosamente analisada, mas que se conservam inabalados contra todos os argumentos da razão, são preconceitos" (idem: 47).

Nossas motivações têm sempre uma dimensão de afeto, mas o afeto pode se expressar tanto pela fé como pela confiança; a atitude de fé, diante dos valores, é uma característica do comportamento singular voltado às necessidades do eu; porém, sua singularidade não é determinada pelo objeto da fé, mas pela sua "relação com os objetos da fé e necessidade satisfeita pela fé" (idem: 47-48). Afirmar que o preconceito é movido por uma atitude de fé significa dizer que

"os objetos e conteúdos de nossos preconceitos podem ser de natureza universal [...] Em troca, as motivações e necessidades que alimentam nossa fé e, com ela, nosso preconceito satisfazem sempre somente nossa própria particularidade individual" (idem: 48).

Assim, "o afeto do preconceito é a fé", uma atitude dogmática, movida, em geral, pelo irracionalismo e pela intolerância.[34] No comportamento moral preconceituoso, as categorias orientadoras de valor baseiam-se nos sentimentos de amor ou ódio: "ódio não se dirige tão-somente contra aquilo em que não temos fé, mas também contra as pessoas que não crêem no mesmo que nós. A intolerância emocional, portanto, é uma conseqüência necessária da fé" (idem: 49).

Na medida em que, na vida cotidiana, o critério de verdade é identificado com o "correto", "útil", com o que conduz ao êxito, a atitude de fé permite que os valores morais sejam subordinados a interesses que, apreendidos como dogmas, não permitem questionamentos. Como tal, o preconceito é uma forma de reprodução do conformismo que impede os indivíduos sociais de assumirem uma atitude crítica diante dos conflitos, assim como uma forma de discriminação, tendo em vista a não-aceitação do que não se adequa aos padrões de comportamento estereotipados como "corretos".

O preconceito pode ocorrer nas várias esferas da atividade social: nas artes, na filosofia, na ciência, na políti-

---

34. A tolerância também não é necessariamente positiva. Em seu sentido comum, refere-se à não-aceitação das diferenças; pois como elas não podem ser "eliminadas", são "toleradas". Não é à toa que existem as "casas de tolerância".

ca, em situações de conflito em face dos juízos de valor que fazemos cotidianamente. No entanto, dado que a moral está presente, como mediação, nas várias dimensões da vida social, o preconceito pode se transformar em moralismo, o que ocorre quando todas as atividades e ações são julgadas imediatamente a partir da moral:

> "Nos preconceitos morais, a moral é objeto de modo direto... Assim, por exemplo, a acusação de 'imoralidade' costuma juntar-se aos preconceitos artísticos, científicos, nacionais etc. Nesses casos, a suspeita moral é o elo que mediatiza a racionalização do sentimento preconceituoso" (idem: 56).

Por suas características, o moralismo é uma forma de alienação moral, pois implica na negação da moral como uma forma de objetivação da consciência crítica, das escolhas livres, de construção da particularidade. Ao mesmo tempo, a intolerância remete ao dogmatismo também negador da liberdade; por isso, o preconceito é moralmente negativo: "porque todo preconceito impede a autonomia do homem, ou seja, diminui sua liberdade relativa diante do ato de escolha, ao deformar e, conseqüentemente, estreitar a margem real de alternativa do indivíduo" (idem: 59).

O espaço das objetivações morais é também marcado por conflitos decorrentes: da função social da moral (como integração social), da heterogeneidade das esferas sociais, de sua reprodução (moral) através de normas abstratas e concretas e da possibilidade de sua transgressão.

Por sua função social, busca integrar os indivíduos através de normas; esse caráter legal implica uma certa coerção; "é interiorizada (ao menos na média social), mas é evidente que não voluntariamente" (Heller, 1977: 135). Mesmo nas sociedades onde ainda não existe o domínio de classe, a coesão em torno de um único código de valor não significa a inexistência de tensões, pois, como diz Lukács, "seria um preconceito metafísico pensar que a consciência social fosse totalmente idêntica em cada homem" (Lukács, 1981b: XIII).

No contexto da alienação, essa tensão decorre do significado ídeo-político das normas e valores morais; as normas tendem a coagir na direção de necessidades sociais perpassadas pela dominação. Mas, como existe a possibilidade de se dizer não às normas, esse conflito é positivo, pois pode promover a capacidade crítica viabilizadora da autonomia.

As atividades humanas se realizam em esferas heterogêneas, sempre implicando escolhas entre alternativas de valor, não necessariamente de valor moral.[35] Como a moral está presente em todas atividades humanas, existe a possibilidade de conflitos quando determinadas situações exigem escolhas cujos valores se chocam com a moralidade dos indivíduos sociais; isso pode ocorrer, por exemplo, na relação entre moral e política.

A práxis política é uma das atividades que possibilitam responder coletivamente aos conflitos sociais, destacando-se, também, da vida cotidiana. É uma atividade que supõe a interação entre os homens e objetiva uma transformação social, "seja de manutenção ou destruição do existente" (Lukács, 1981b: XLIV). Como práxis, supõe-se uma intervenção objetiva, seja ela material ou espiritual; não é, necessariamente, uma forma ética de enfrentamento dos conflitos sociais, mas mantém uma relação com uma dada moralidade.

A atividade política supõe a projeção ideal do que se pretende transformar, em qual direção, com quais estratégias; por isso, implica projetos vinculados a idéias e valores de uma classe, de um estrato social ou de um grupo, donde sua vinculação com a ideologia como instrumento de luta política. Na sociedade de classes, a práxis política diz respeito ao enfrentamento teórico-prático das contra-

---

35. "Valor é um conceito muito mais amplo que 'valor moral'; o indivíduo surge através de uma eleição de valor, mas não será obrigatoriamente um indivíduo moral. Sem dúvida, a eleição de de um valor genérico — inclusive quando se trata de uma eleição moral — não é indiferente no plano moral" (Heller, 1977: 137).

dições, da luta de classes, se objetivando em face de relações de poder e de confronto coletivo.

Como práxis, a ação política permite aos indivíduos saírem de sua singularidade, elevando-se ao humano-genérico. Mas, esse fato não significa, obrigatoriamente, que nele se encontra totalmente liquidado o caráter fetichista da consciência cotidiana.

"Nos conteúdos fetichistas da consciência cotidiana ocupam um lugar importante os juízos e prejuízos que expressam os interesses de classe, acolhidos espontaneamente pelo pensamento político que defende a classe determinada como integração" (Heller, 1977: 175).

Ao mesmo tempo, a opção política não transforma, naturalmente, a moralidade internalizada através de valores e deveres; podem entrar em contradição, podem reproduzir atitudes moralistas negando a intencionalidade política. No entanto, tendo em vista que a superação da singularidade mediante uma relação consciente com o humanogenérico é uma possibilidade posta tanto pela ética como pela política, a busca de suas especificidades é necessária e, ao mesmo tempo, põe o risco de efetuar uma separação entre dimensões da vida social. Nesse sentido, cabe lembrar que não existe uma atividade ética autônoma, pois, sendo mediação entre as atividades, se objetiva através delas.

Se a política é reduzida à moral, estamos diante do chamado moralismo abstrato, ou seja, de uma ação cujos resultados dependem, exclusivamente, da moral de seus agentes tomados individualmente, donde sua caracterização moralista e sua configuração como voluntarismo ético-político:

"O moralismo abstrato [...] põe as esperanças de transformação social e política na moralização dos indivíduos [...] A atenção fica concentrada na vida privada, no intimismo e no subjetivismo dos princípios individuais. A atividade política (neste caso, bastante utópica) de certa forma fica reduzida às categorias morais da pessoa" (Pereira, 1983: 38).

Quando a moral é reduzida à política, estamos em face de uma ética dos fins, diante da qual todos os meios são válidos, mesmo aqueles eticamente inaceitáveis. Trata-se do realismo político, "que subtrai os atos políticos a qualquer avaliação moral e em nome da legitimidade dos fins [...] A atenção recai sobre o ato político e a moral, que também é social, operando apenas na esfera da intimidade, do individual, fica reduzida ao fim político" (Pereira, 1983: 38).

Na sociedade capitalista, os conflitos ético-morais se complexificam em face da fragmentação da própria moral que, diante das esferas heterogêneas, assume configurações diferenciadas (muitas vezes em antagonismo entre si), assim como em face de cada esfera, que tende a apresentar-se como autônoma, cada qual com um referencial de valor; como Marx afirma, cada qual com uma medida, o que expressa a alienação das esferas sociais entre si.

"Está fundado na essência da alienação que cada esfera me impõe um padrão diferente e oposto — a moral, um, a economia nacional, outro — porque cada uma comporta-se alienadamente para com a outra alienação" (Marx, 1993: 133).[36]

A fragmentação da moral em "morais" específicas expressa a subdivisão do valor nas várias atividades humanas; "existe a 'moral sexual', a 'moral do trabalho', a 'moral dos negócios' etc." (Heller, 1977: 113), contribuindo para a separação do indivíduo em papéis antagônicos, "autônomos", negando, com isso, o caráter ontológico social da moral como mediação de valor entre as atividades humanas.

Outro aspecto dos conflitos morais é dado pela sua estrutura configurada pelas normas abstratas e concretas:

"Os homens se apropriam simultaneamente dos dois tipos de normas: tanto das prescrições 'seja honesto', ou 'seja va-

---

36. A versão lusitana dos *Manuscritos...*, que utilizamos aqui, traduziu sempre *nationalekonomie* por economia nacional; é sabido que, neste contexto, sua carga semântica é equivalente a economia política. Sobre esta oscilação, vejam-se os comentários de Baatsch a Engels (1974: 106-111).

lente', em sua abstração, como das numerosas exigências concretas que se referem ao como ser honestos ou valentes" (Heller, 1977: 145-146).

Ontologicamente consideradas, as normas abstratas e as concretas referem-se aos valores humano-genéricos e às formas particulares através das quais são realizadas. No contexto da propriedade privada dos meios de produção, da divisão social do trabalho e de classes, a universalização da moral, em torno de normas abstratas, não significa sua realização universal, pois tende a atender a necessidades e interesses privados.[37]

Nesta situação histórica, a universalização dos valores não implica, necessariamente, sua objetivação como tal; os valores universais tornam-se princípios abstratos porque não são realizáveis para o conjunto da sociedade. Instaura-se uma contradição entre as normas abstratas (em sua universalidade) e as normas concretas (como formas de realização de valores universais) — suposto para a (re)produção das formas alienadas da vida social. Por isto,

"O fato de que a moral abstrata apareça como somente realizável em parte ou 'absolutamente irrealizável', ou seja, que não possa coincidir totalmente com nenhum costume concreto, é uma manifestação da alienação da moral. Isto se revela não em um ou outro 'aspecto' moral, mas na estrutura moral das sociedades de classe em geral" (Heller, 1977: 147).

Ainda que a interação entre moral, as relações sociais de produção e de dominação político-ideológica não seja imediata, nem mecânica; ainda que a ideologia dominante não seja absoluta, a sociedade não se (re)produz sem a exis-

---

[37]. "A gente não aprende o que é o bem, mas somente que fulano é bom porque ajuda os outros [...] em conseqüência, não recebe simplesmente conceitos morais, mas uma interpretação específica deles; a interpretação especial que lhes é dada em cada sistema normativo de uma determinada classe, estrato, comunidade" (Heller, 1977: 147).

tência de um certo consenso ideológico que corresponde a determinada sociabilidade e cujos valores adquirem significados de acordo com as necessidades objetivas de (re)produção da sociedade, em sua totalidade. Nesta perspectiva, faz parte da existência das próprias classes, em sua relação de dominação/subordinação, a representação universal dos valores que expressam interesses e necessidades das classes dominantes:

> "Com efeito, cada nova classe que toma o lugar da que dominava antes dela é obrigada, para alcançar os fins a que se propõe, a apresentar seus interesses como sendo o interesse comum de todos os membros da sociedade [...] é obrigada a emprestar às suas idéias a forma de universalidade, a apresentá-las como sendo as únicas racionais, as únicas universalmente válidas" (Marx & Engels, 1982: 74).

A ideologia dominante possibilita o ocultamento das contradições entre a existência objetiva de valores humano-genéricos (expressos pelas normas abstratas) e suas formas de concretização (seus significados históricos particulares), entre os valores humano-genéricos e sua não-realização prática. Assim, "a vida cotidiana é o âmbito de validez das normas concretas" (Heller, 1977: 146), mas, para isso, é preciso que os indivíduos acreditem que o significado particular das normas morais corresponde aos valores universais.

As normas abstratas são inerentes à moral na medida em que fornecem princípios gerais, orientadores das normas concretas. Sua objetivação adquire significados históricos particulares em cada contexto, em cada sociedade, classe, estrato social, assim como para cada indivíduo, em sua singularidade. Por exemplo, se num contexto determinado, a honestidade é um princípio positivo, ser honesto passa a se constituir numa norma abstrata que será concretizada através de deveres que apontem para sua viabilização em situações concretas. No contexto do individualismo burguês, a liberdade, por exemplo, se realiza pela negação do outro, ocultando seu caráter universal.

Isso permite que a ética, como sistematização das objetivações morais, possa se transformar em um conjunto de prescrições que negam sua função crítica. Ao mesmo tempo, apreendidas dessa forma, reproduzem uma "aceitação" que não corresponde às necessidades e exigências internas dos indivíduos; são incorporadas externamente, como "obrigações". Isso propicia que a liberdade seja concebida de forma idealista e desvinculada da moral, pois, uma vez que a liberdade não é vivida e sim, reprimida, torna-se ideal.

Quando refletidas criticamente, propiciam maiores ou menores possibilidades de questionamento das normas, de sua transgressão, da consciência do seu significado. As contradições entre normas abstratas e concretas revelam-se, pois, como parte do processo de desenvolvimento da moral que coincide com o surgimento da alienação, mas essa configuração histórica não é, em si mesma, geradora da defasagem entre os valores universais e sua realização objetiva.

Os critérios para a objetivação dos valores universais são dados concretamente no movimento extensivo e intensivo de construção e desvalorização histórica dos valores; os que representam conquistas da humanidade não se perdem na história; sua perda é sempre relativa às condições históricas e ao seu desenvolvimento desigual, no interior de dada sociedade e em relação ao desenvolvimento humano-genérico. Nesse sentido, "os valores são sempre objetivos, mesmo quando se apresentam na forma de normas abstratas [...] o critério de desenvolvimento dos valores não é apenas a realidade dos mesmos mas, também, suas possibilidades" (Heller, 1972: 8-9).

1.4.3. A reflexão ética

A reflexão ética é construída, historicamente, no âmbito da filosofia, tendo por objeto a moral. Na perspectiva que nos orienta, ela é de caráter ontológico-social-materialista; busca, a partir da razão dialética, apreender, na totalidade sócio-histórica, as categorias ético-morais, desvelando suas particularidades e legalidades.

A reflexão ética supõe a suspensão da cotidianidade; não tem por objetivo responder às suas necessidades imediatas, mas sistematizar a crítica da vida cotidiana, pressuposto para uma organização da mesma para além das necessidades voltadas exclusivamente ao "eu", ampliando as possibilidades de os indivíduos se realizarem como individualidades livres e conscientes.

Quando a moral é refletida ontologicamente, é possível ultrapassar o conformismo característico da aceitação espontânea da cotidianidade; os conflitos morais podem, então, ser apreendidos em sua relação com a totalidade social e não se apresentarem somente como conflitos morais. Principalmente, pode desvelar a objetividade de tais conflitos, permitindo que não sejam tratados como "problemas subjetivos", cuja resolução depende da vontade singular. Isto, porém, não elimina a dimensão singular do ato moral; ao contrário, a individualidade vincula-se a ela ao posicionar-se, mas seu posicionamento se efetua no patamar de uma escolha consciente; "sua teleologia vai além de sua própria particularidade" (Heller, 1977: 48).

Como reflexão ontológica, a ética possibilita a elevação aos valores humano-genéricos, mas sua necessária abstração teórica não a isola da práxis; como filosofia crítica interfere indiretamente na realidade, contribui para a ampliação das capacidades ético-morais. Portanto, como Lukács afirma,

"Este saber não é um fim em si mesmo. Não há nenhum filósofo realmente merecedor deste nome, e que não o seja apenas no sentido estritamente acadêmico, cujo pensamento não tenda a interferir a fundo nos conflitos decisivos de sua época, a elaborar os princípios para dirimi-los e, portanto, dar uma orientação mais resoluta à própria ação dirimente" (Lukács, 1981b: LXXXVII).

Para que a ética se realize como saber ontológico é preciso que ela conserve sua perspectiva totalizante e crítica, capaz de dismistificar as formas reificadas de ser e pensar. Assim ela é, também, um instrumento crítico de outros saberes, de elaborações éticas que possam estar contribuindo para o ocultamento das mediações existentes entre a singularidade inerente à cotidianidade e o gênero humano, reproduzindo, com isso, a alienação.

A ética realiza sua natureza de atividade propiciadora de uma relação consciente com o humano-genérico quando consegue apreender criticamente os fundamentos dos conflitos morais e desvelar o sentido e determinações de suas formas alienadas; quando apreende a relação entre a singularidade e a universalidade dos atos ético-morais; quando responde aos conflitos sociais resgatando os valores genéricos; quando amplia a capacidade de escolha consciente; sobretudo, quando indaga radicalmente sobre as possibilidades de realização da liberdade, seu principal fundamento.

Quando a ética não exerce essa função crítica pode contribuir, de modo peculiar, para a reprodução de componentes alienantes; pode colocar-se como espaço de prescrições morais; favorecer a ideologia dominante; obscurecer os nexos e as contradições da realidade; fortalecer o dogmatismo e a dominação; remeter os valores para uma origem transcendente à história; fundamentar projetos conservadores; operar de modo a não superar a imediaticidade dos fatos; ultrapassá-los mas não apreender a totalidade, contribuindo para que os homens não se auto-reconheçam como sujeitos éticos.

Como reflexão crítica, faz juízos de valor sobre a realidade, mas seu caráter téorico-metodológico não permite que a fundamentação da realidade se sustente em valores; trata-se de apreender, na realidade concreta, as tendências e possibilidades para a vigência dos valores que lhe servem de orientação ética.

Portanto, se a reflexão ética perder seu compromisso com valores, ela deixa de ter sentido; se não apreender a fundação desses valores na realidade, não cumpre seu papel teórico; se abrir mão da crítica, deixa de se constituir numa reflexão ética para se tornar uma doutrina.

Por essas peculiaridades, tal ética é de caráter revolucionário, ou seja, é crítica à moral do seu tempo e possibilidade de projeção ideal de uma sociedade em que os homens possam se realizar livremente, sempre com base nas possibilidades reais e em face do desenvolvimento genérico já realizado. Por isso, a ética é, também, uma referência para a práxis político-revolucionária, seja como instrumento teórico-crítico, seja como orientação de valor que aponta para o devir.

1.4.4. A ética como capacidade livre

Conforme nossa análise, a gênese da ação ética é dada pela liberdade, compreendida ontologicamente como uma capacidade humana inerente ao trabalho, tomado como práxis. Vimos que o trabalho põe em movimento as capacidades essenciais do gênero: a sociabilidade, a consciência, a universalidade e a liberdade; categorias ontológico-sociais que operam dialeticamente. Só é possível desenvolver o trabalho se houver cooperação social, se houver um nível de consciência capaz de conhecer a natureza, projetar sua transformação e realizar praticamente esta transformação, criando um produto antes inexistente. No processo de objetivação dessa práxis ocorre, também, uma valoração da natureza, do sujeito, do produto de seu trabalho; isso cria alternativas e possibilita a escolha entre elas. As escolhas e alternativas propiciam novas perguntas e respostas que configuram as várias formas de expressão da cultura é produto do trabalho.

O desenvolvimento da sociabilidade instituiu novas necessidades, dentre elas a moral. Em razão de instaurar uma série de mediações que dizem respeito à consciência moral, isto é, à capacidade humana de escolher valores, de agir com base nestas escolhas e se responsabilizar por elas, em face das consequências de sua ação, ela (a moral) vincula-se à liberdade. No entanto, sua inserção necessária na vida cotidiana faz com que ela negue esse caráter livre que está na sua gênese ontológica. Isso é facilitado pelo seu caráter normativo e pela sua peculiaridade de ser estruturada por um dado nível de coerção: sua função é fazer com que os indivíduos aceitem e reproduzam as normas vigentes.

Mas, como vimos, isso ocorre em situações históricas determinadas, pois a vida cotidiana não é necessariamente alienada, nem a moral. Nas condições da sociedade burguesa, ela é alienada porque contribui para a reprodução de um determinado *ethos* funcional à ordem social reificada; atende, através de suas mediações particulares, a necessidades sócio-econômicas e ídeo-políticas de (re)produção das relações sociais capitalistas. Nesse sentido, ela (a moral) expressa um dos antagonismos da sociedade moderna: o antagonismo entre a liberdade (seu fundamento objetivo) e o campo das necessidades, fundado nas determinações socioeconômicas e objetivado através da suas normas.

Considerada do ponto de vista ontológico, a moral é uma mediação potencialmente capaz de promover uma individualidade livre, ou seja, uma particularidade capaz de transformar exigências sociais em exigências internas livres. Nas condições da alienação e das suas formas reificadas, promove a sua própria negação, o que não decorre necessariamente da existência de normas, mas das determinações sócio-históricas que permitem sua objetivação como algo externo e estranho ao indivíduo.

Para Mészáros, as normas existem muito antes de sua codificação; são necessidades positivas, do ponto de vista da emancipação humana. No entanto, se a sociedade possibilitasse a participação ativa dos indivíduos na elaboração das normas, se elas representassem, concretamente, exigências internas codificadas, não precisaria haver coerção, não precisaria haver regras e sanções institucionais punitivas. Para ele, a existência da lei prova que "as necessidades do homem como membro da sociedade não se tornaram necessidades interiores no verdadeiro indivíduo, mas permaneceram externas a ele, como necessidades da sociedade [...] se fossem 'necessidades interiores' do homem, não haveria qualquer necessidade de impô-las externamente..." (Mészáros, 1981: 168)

Mészáros se apóia em Marx para afirmar que a norma tem como medida o próprio homem; logo, a função positiva da moral se expressa na luta do homem pela sua realização; a moral "só não é externa ao homem se, e na medida em que, ela se relaciona com essa tarefa" (Mészáros, 1981: 169). Trata-se, portanto, de lutar pela humanização, pela emancipação das autoridades externas, pela existência de uma moral livre, objetivadora das capacidades que a fundamentam, o que supõe a supressão das relações sociais alienadas, em sua totalidade.

A humanização apresenta-se, assim, como a medida, o critério de uma sociabilidade não alienada: "na opinião de Marx, nada é digno da aprovação moral a menos que contribua para a realização da atividade vital do homem como necessidade interior" (idem: 166).

Por essas considerações, podemos pensar que o antagonismo entre liberdade e necessidade não reside na existência de necessidades materiais, mas nas formas de sua (re)produção, no contexto da apropriação privada da riqueza socialmente construída. Para a ontologia social, o antagonismo oculta uma relação necessária: "se na realidade não existe nenhuma necessidade, tampouco seria possível a liberdade" (Lukács, 1981a: XIV).

Essa concepção de liberdade supõe sua consideração como capacidade humana, resultado da atividade humana que responde e (re)produz necessidades, constituindo-se nessa dialética entre o que é necessário e possível historicamente. A liberdade é, ao mesmo tempo, capacidade de escolha consciente dirigida a uma finalidade, e, capacidade prática de criar condições para a realização objetiva das escolhas, para que novas escolhas sejam criadas. Por isso, liberdade, necessidade e valor vinculam-se ontologicamente:

"Nas decisões alternativas do trabalho se esconde o fenômeno 'originário' da liberdade, mas esse 'fenômeno' não consiste na simples escolha entre duas possibilidades — algo parecido também ocorre na vida dos animais superiores —, mas na escolha entre o que possui e o que não possui valor, eventualmente (em estágios superiores) entre duas espécies diferentes de valores, entre complexos de valores, precisamente porque não se escolhe entre objetos de maneira biologicamente determinada, numa definição estática, mas ao contrário, resolve-se em termos práticos, ativos, se e como determinadas objetivações podem vir a ser realizadas" (Lukács, 1981: XVIII).

Como as demais capacidades essenciais do ser social, a liberdade pressupõe uma objetivação concreta, ou seja, determinadas condições objetivas para se realizar como projeto e produto real; o trabalho, como práxis, é, portanto, a base ontológica das possibilidades de liberdade. Dessa forma, a liberdade não é um valor abstrato que caracteriza o ser humano como tal, mas uma capacidade "exercitada na atividade de trabalho ou objetivação, que é a modalidade de atividade específica dos seres humanos" (Gould,1983: 157).

Como possibilitador da liberdade, o trabalho é uma atividade potencialmente livre, isto é, ele põe as condições para a liberdade na medida em que permite o domínio do homem sobre a natureza, o desenvolvimento multilateral de suas forças produtivas — capacidades e necessidades —, pressupostos para seu reconhecimento, de si mesmo e dos outros, como sujeitos capazes de criar alternativas e imprimir uma direção a seus projetos sócio-históricos.[38]

---

38. Como afirma Lukács: "precisamente essa ligação do reino da liberdade com sua base sócio-material, com o reino econômico da necessidade, mostra como a liberdade do gênero humano seja o resultado de sua própria atividade" (1978: 15).

Para que o trabalho se efetive como atividade livre é preciso que ele se realize como atividade criadora, o que pressupõe que seja consciente, que propicie a ampliação das forças essenciais do ser social e, como tal, não seja um meio de sobrevivência nem de exploração e dominação entre os homens. A partir das condições postas pelo trabalho, a liberdade assume, então, dois significados: é liberdade — *de algo* e — *para algo*.

A liberdade, entendida como liberdade *de algo*, existe como negação dos seus impedimentos: "a capacidade de liberar-se das concretas determinações, propriedades e relações que se converteram em cadeias. A possibilidade dessa liberação já está dada, desde o ponto de vista geral, com a autoconsciência do homem" (Markus, 1974: 74). Autoconsciência significa autotranscendência[39] prática do homem frente ao determinismo da natureza e em relação a si mesmo, isto é, a capacidade de superar-se pela atividade e ser autoconsciente de si mesmo como ser genérico.

Nestes termos, o ser social é autodeterminante quando projeta conscientemente um estado futuro como possibilidade e quando toma esse propósito como guia de ação; mas essa autodeterminação não se refere somente a objetivos particulares postos pelo sujeito, pois "o processo de atuar de acordo com os próprios propósitos, como um processo de atividade social e não meramente uma atividade individual, gera, não somente ações, mas regras de ação" (Gould,1983: 157).

A liberdade *de algo* e *para algo* tem um sentido de negatividade; significa "a capacidade humana de transcen-

---

39. "Essa autotranscendência não é um processo meramente de consciência, nem do indivíduo unicamente dentro de si mesmo, mas de autotranscendência por meio da transformação do mundo. Além disso, posto que essa transformação somente se efetua por meio de indivíduos em relações sociais e esta é uma atividade social, as condições para essa autotranscendência individual são elas mesmas condições sociais. Assim, para Marx, a liberdade é um processo de auto-realização enquanto origem de novas possibilidades, nas quais, por meio de sua ação, o indivíduo social cria-se a si mesmo e recria-se constantemente como um ser autotranscendente" (Gould, 1983: 53).

der-se, ultrapassar-se constantemente, ser um eterno movimento de vir a ser, transformar sua própria natureza mediante uma atividade consciente" (Markus, 1974: 74). Liberdade é, portanto, superação dos entraves históricos às objetivações essenciais do ser social, o que pressupõe fundamentalmente condições objetivas que possibilitem a realização do trabalho de forma livre e criativa. Desse modo, para Marx, não se trata tão-somente da consciência da liberdade, mas da ação prática superadora desses obstáculos. Segundo ele,

"O exercício da liberdade consiste exatamente em superar obstáculos e é necessário, além disso, despojar os fins externos de seu caráter de pura necessidade natural para estabelecê-los como fins que o indivíduo fixa a si mesmo, de maneira que se torne a realização e objetivação do sujeito, ou seja, liberdade real, cuja atividade é precisamente o trabalho" (Marx, 1971, II: 101).

O trabalho é a atividade fundante da liberação do homem; a liberdade não é apenas um estado ou uma condição do indivíduo, tomado subjetivamente, mas uma capacidade inseparável da atividade que a objetiva. A negatividade posta na liberação — de algo — apresenta, pois, um sentido positivo: ao liberar-se das limitações à realização do trabalho como atividade criativa, consciente e livre, o sujeito está livre para usufruir da riqueza humana.

Esse tratamento teórico-metodológico evidencia que as necessidades socioeconômicas são a base primária das possibilidades de liberdade, o que coloca novas possibilidades para a reflexão ética. Analisados ontologicamente, esses pólos de uma relação dialética não podem ser absolutizados ou entendidos de forma mecânica; se isso ocorre, funda interpretações deterministas, tais como o economicismo, o voluntarismo ético, o messianismo.

Segundo Tertulian (1999), Lukács, em suas últimas reflexões éticas, busca a superação da dicotomia kantiana entre moralidade e legalidade, do que resulta a apreensão da mediação entre a universalidade abstrata das normas e a consciência moral: a ação ética. Hegel já havia definido essa dialética entre singular, universal e particular; porém, nele, a particularidade capaz de dar concretude ao universal abstrato, garantindo a individualidade do sujeito ético, é dada pelo Estado, donde sua configuração como espaço realizador da eticidade. Lukács, superando Hegel, concebe essa objetivação ética como uma ação prática dos sujeitos conscientes em seu exercício de liberdade e deliberação social.

O indivíduo pode superar a sua singularidade através da moral, mas quando isso ocorre ele se eleva à condição de sujeito ético, na compreensão de Lukács, como particularidade objetivadora do gênero humano *para si*.

"A ação ética é um processo de 'generalização', de mediação progressiva entre o primeiro impulso e as determinações externas; a moralidade torna-se ação ética no momento em que nasce uma convergência entre o eu e a alteridade, entre a singularidade individual e a totalidade social. O campo da particularidade exprime justamente esta zona de mediações onde se inscreve a ação ética" (Lukács, apud Tertulian, 1999: 134).

Tertulian afirma que Lukács se apropria do "meio-termo" aristotélico para desenvolver sua concepção ética. Para o filósofo grego, a ação virtuosa é a justa medida entre extremos; para Lukács é a mediação "entre a norma abstrata do direito e a irredutibilidade das aspirações individuais à norma, pois ela (a ação ética) implica, por definição, levar em conta o outro e a sociedade, uma socialização dos impulsos e das inclinações pessoais, uma vontade de harmonizar o privado e o espaço público, o indivíduo e a sociedade" (Idem: 134).

Para Lukács, é a distinção entre o gênero humano *em si* e o gênero humano *para si* que expressa a diferença entre as ações que visam afirmar ou negar a ordem social dominante. As ações que se dirigem ao gênero humano *em si* são próprias das necessidades de autoconservação e legitimação do *status quo*, enquanto as dirigidas ao gênero humano *para si* são "objetivações superiores nas quais se efetiva a aspiração à autodeterminação do gênero humano" (idem: 137).

Essa apreensão da ação ética — como uma ação "virtuosa" —, e o fato de que as aspirações humanas do gênero para si não são redutíveis à norma reforçam nossa pretensão de dar à ação ética uma amplitude universalizante, distinta da ação moral singular.

Entendemos que a moral é uma forma, historicamente construída, de objetivação da capacidade ética do ser humano-genérico, mas nela não esgota suas potencialidades. A partir de Lukács, consideramos que, quando o indivíduo, através da moral, eleva-se ao humano-genérico e coloca-se como representante do gênero humano *para si*, então ele está agindo como sujeito ético, como particularidade, individualidade livre.

A ética se põe como uma ação prática dotada de uma moralidade que extrapola o *dever-ser*, instituindo-se no espaço do *vir a ser*, isto é, na teleologia inscrita nas decisões que objetivam ações práticas voltadas à superação dos entraves à liberdade, à criação de necessidades livres.[40] A ética se coloca, então, como uma práxis: supondo, portanto, uma prática concreta e uma reflexão ética crítica.

Como mediação entre a singularidade e a genericidade, entre os valores universais e sua objetivação, a ética perpassa por todas as esferas da totalidade social. Por isso, não se objetiva apenas na moral; pode se realizar através da práxis política, por exemplo. Suas categorias específicas são aquelas que implicam a sociabilidade orientada por um projeto coletivo, voltado à liberdade e universalização dos valores éticos essenciais — por exemplo, responsabilidade, compromisso, alteridade, reciprocidade, eqüidade.

---

40. Convém lembrar que, para Lukács, a gênese da liberdade é dada por decisões em face de alternativas, mas que o produto final das escolhas não é um evento causal.

Seu fundamento é a liberdade, entendida como capacidade humana e valor, o que, para Marx, significa a participação dos indivíduos sociais na riqueza humano-genérica construída historicamente: "a humanidade será livre quando todo homem particular possa participar conscientemente na realização da essência do gênero humano e realizar os valores genéricos em sua própria vida, em todos os seus aspectos" (Marx, apud Heller, 1977: 217).

1.5. A dimensão ético-política dos projetos sócio-históricos

Projetar as ações, orientando-as para a objetivação de valores e finalidades, é parte da práxis. Afirmar que essa projeção é ética e política significa considerar que a teleologia implica valores e que sua objetivação supõe a política como espaço de luta entre projetos diferentes.

Na vida social existem projetos individuais, coletivos e societários. Os profissionais são de caráter coletivo; supõem uma formação específica, uma organização de cunho legal, ético e político. Netto assim se refere aos projetos profissionais:

"Os projetos profissionais apresentam a auto-imagem da profissão, elegem valores que a legitimam socialmente e priorizam os seus objetivos e funções, formulam os requisitos (teóricos, institucionais e práticos) para o seu exercício, prescrevem normas para o comportamento dos profissionais e estabelecem as balizas da sua relação com os usuários de seus serviços, com outras profissões e com as organizações e instituições sociais, privadas, públicas, entre estas, também e destacadamente com o Estado, ao qual coube, historicamente, o reconhecimento jurídico dos estatutos profissionais" (Netto, 1999: 95).

Um projeto profissional implica determinadas condições; deve atender a necessidades sociais, realizadas de determinadas formas, e produzir um resultado objetivo, com implicações sociais e desdobramentos éticos e políticos. Portanto, tenham os agentes (tomados individualmente) consciência ou não de que tais elementos conformam um projeto, isso não elimina o fato objetivo de que está se produzindo um produto concreto e que ele, de alguma forma, contribui para a objetivação de determinadas finalidades e necessidades sociais com direção ética e política.

A coesão dos agentes profissionais, em torno de valores e finalidades comuns, dá organicidade e direção social a um projeto profissional. Esse aspecto, no entanto, diz respeito ao movimento interno da profissão, o que não existe sem mediações externas. A cultura, em geral, e a moral, em especial, são mediações determinantes na configuração da moralidade dos agentes, influenciando sua ética profissional. Por mediações particulares, a ética profissional também se articula com os projetos societários, assim definidos:

"Trata-se daqueles projetos que apresentam uma imagem de sociedade a ser construída, que reclamam determinados valores para justificá-la e que privilegiam certos meios (materiais e culturais) para concretizá-la. Os projetos societários são projetos coletivos; mas seu traço peculiar reside no fato de se constituírem projetos macroscópicos, em projetos para o conjunto da sociedade" (Netto, 1999: 93 e 94).

Os projetos societários estabelecem mediações com as profissões na medida em que ambos têm estratégias definidas em relação ao atendimento de necessidades sociais, com direções éticas e políticas determinadas. Isso fica evidente quando analisamos a profissão Serviço Social, em sua gênese. Suas determinações históricas são mediadas pelas necessidades dadas na relação entre o capital e o trabalho, pelos projetos das forças sociais que buscam enfrentar as seqüelas da "questão social" como questão moral.

Se percorrermos a trajetória histórica da profissão, constataremos sua adesão a projetos societários, dominantes ou não. Assim, embora a ideologia não seja a única mediação da profissão, ela está presente nas orientações de valor ético-moral e na direção política da ética profissional, seja ela conscientemente dirigida, seja como reprodução acrítica de normas, valores e modos de comportamento. Por isso, é importante salientar o caráter de classe dos projetos societários, pois, como afirma Netto:

"Em sociedades como a nossa, os projetos societários são, simultaneamente, projetos de classe, ainda que refratando mais fortemente determinações de outra natureza (de gênero, culturais, étnicas, etárias etc.)" (Netto, 1999: 94).

Mesmo que os projetos profissionais não sejam uma reprodução imediata dos projetos de classe, não podemos ignorar essa mediação, embora ela deva ser matizada por várias determinações particulares. Com isso ressaltamos que a adesão consciente (ética) a um determinado projeto profissional implica decisões de valor inseridas na totalidade dos papéis e atividades inscritas na relação entre o indivíduo e a sociedade; na reprodução da singularidade e da genericidade humana. Eles podem ou não estar em concordância; se não estiverem, instituem conflitos ético-morais, propiciando que as normas e os princípios sejam reavaliados, negados ou reafirmados, revelando que as escolhas, o compromisso e a responsabilidade são categorias éticas inelimináveis das profissões, mesmo que, em determinadas circunstâncias, possam não ser conscientes para parte de seus agentes.

1.6. A natureza da ética profissional

A ética profissional é um modo particular de objetivação da vida ética. Suas particularidades se inscrevem na relação entre o conjunto complexo de necessidades que legitimam a profissão na divisão sociotécnica do trabalho, conferindo-lhe determinadas demandas, e suas respostas específicas, entendidas em sua dimensão teleológica e em face das implicações ético-políticas do produto concreto de sua ação.

As necessidades históricas que legitimam as profissões na divisão sociotécnica do trabalho vinculam-se a determinada sociabilidade, em que se inserem os modos de consciência moral relativos a valores culturais, normas e princípios éticos que, uma vez legitimados socialmente, (re)criam novas necessidades e alternativas de valor. Estas, por sua vez, se articulam a expectativas sociais referentes ao desempenho de papéis que, culturalmente internalizados, rebatem nas profissões de modo peculiar.

Neste sentido, o *ethos* profissional é um modo de ser constituído na relação complexa entre as necessidades socioeconômicas e ídeo-culturais e as possibilidades de escolha inseridas nas ações ético-morais, o que aponta para sua diversidade, mutabilidade e contraditoriedade.

O Serviço Social é um fenômeno típico da sociedade capitalista em seu estágio monopolista; portanto, o desvelamento da natureza de sua ética só adquire objetividade se analisada em função das necessidades e possibilidades inscritas em tais relações sociais. Em face das demandas e respostas éticas construídas nesse marco é que a ética se objetiva, se transforma e se consolida como uma das dimensões específicas da ação profissional.

A ética profissional recebe determinações que antecedem a escolha pela profissão e inclusive a influenciam, uma vez que fazem parte de uma socialização primária que tende a reproduzir determinadas configurações éticas dominantes e se repõem cotidianamente mediante relações sociais mais amplas. A objetivação da sociabilidade, através da participação cívica, pode reforçar ou se contrapor a valores adquiridos na socialização primária; o mesmo ocorre com a inserção profissional que coloca escolhas e compromissos éticos: a necessidade de se posicionar em face do significado e das implicações da ação profissional e a responsabilidade diante das escolhas.

Dentre as determinações da ética profissional encontra-se o conhecimento, dado pela base filosófica incorporada pela profissão. Esse aspecto também é contraditório e conflituoso, uma vez que a formação profissional, mediante a qual se adquire um conhecimento filosófico capaz de fundamentar as escolhas éticas, não é o único referencial profissional; somam-se a ele as visões de mundo incorporadas socialmente pela educação moral primária e por outras instâncias educativas, tais como os meios de comunicação, as religiões, os partidos políticos, os movimentos sociais etc.

A partir desse conjunto de manifestações culturais é que se formam os hábitos e costumes que a educação formal pode consolidar ou não. Ao mesmo tempo, a reflexão filosófica, base de fundamentação da moral profissional, incorpora referenciais que nem sempre permitem uma leitura crítica e totalizante, o que novamente implica contradições entre a dinâmica social e sua apreensão profissional.

Como podemos observar, a ética profissional é permeada por conflitos e contradições e suas determinações fundantes extrapolam a profissão, remetendo às condições mais gerais da vida social. Neste sentido, a natureza da ética profissional não é algo estático; suas transformações, porém, só podem ser avaliadas nessa dinâmica, ou seja, em sua relativa autonomia em face das condições objetivas que constituem as referências ético-morais da sociedade e rebatem na profissão de modos específicos.

Nessa perspectiva, cabe compreender o *ethos* profissional como um modo de ser construído a partir das necessidades sociais inscritas nas demandas postas historicamente à profissão e nas respostas ético-morais dadas por ela nas várias dimensões que compõem a ética profissional:

a) a dimensão filosófica — fornece as bases teóricas para uma reflexão ética voltada à compreensão dos valores, princípios e modos de ser ético-morais e oferece os fundamentos para uma concepção ética;

b) o modo de ser (*ethos*) da profissão que diz respeito
— 1) à moralidade profissional (consciência moral dos seus agentes objetivada na teleologia profissional), o que reproduz uma imagem social e cria determinadas expectativas;

2) ao produto objetivo das ações profissionais individuais e coletivas (conseqüências ético-políticas);

c) a normatização objetivada no Código de Ética Profissional, com suas normas, direitos, deveres e sanções.

Cada uma dessas dimensões, articuladas entre si, opera com múltiplas mediações. Sua organicidade é maior ou menor, dependendo da coesão dos agentes em torno de finalidades projetadas coletivamente, o que implica uma intenção profissional dirigida a uma determinada direção ético-política e uma prática comprometida com a objetivação dessa intencionalidade.

PARTE II
A TRAJETÓRIA ÉTICO-POLÍTICA DO SERVIÇO SOCIAL BRASILEIRO

CAPÍTULO I

AS CONFIGURAÇÕES DA ÉTICA TRADICIONAL

1.1. Moral, *ethos* e ideologia na origem da profissão

O Serviço Social vincula-se às demandas sócio-históricas que incidem sobre o enfrentamento das seqüelas da "questão social", por parte do Estado e das classes dominantes, no contexto do capitalismo monopolista. É possível considerar que essas determinações são universais; mas que só existem pela mediação de suas formas históricas particulares. Essa consideração permite que visualizemos determinadas tendências éticas históricas no Serviço Social, em nível mundial, mas que se configuram de modos específicos em cada contexto e momento histórico, dentre elas o conservadorismo moral.

Dando por suposto que o Serviço Social contribui, de forma específica para a reprodução das relações sociais capitalistas,[1] cabe assinalar as mediações ético-morais desse processo; na origem da profissão, vinculam-se: 1) à função

---

1. A análise das determinações particulares do Serviço Social brasileiro já se encontra significativamente equacionada nas elaborações produzidas pela tradição marxista, que não cabe aqui reproduzir. Tendo por base as análises de

ideológica da moral; 2) ao tratamento moral da "questão social", tendo em vista os interesses de legitimação do Estado burguês e a presença de projetos sociais conservadores, dentre eles o da Igreja Católica; 3) à existência de profissões potencialmente adequadas a tal tratamento.

No capitalismo monopolista, o enfrentamento moral das "seqüelas" da "questão social" é uma forma de resposta a processos objetivamente construídos na (re)produção do capital e do trabalho, significando a despolitização de seus fundamentos objetivos, ou seja, do seu significado sócio-econômico e ídeo-político. Em suas determinações ético-políticas, é uma forma de moralismo, sustentada ideologicamente pelo conservadorismo moral.

A presença do conservadorismo moral, no contexto de origem do Serviço Social, é evidenciada: na formação profissional, no projeto social da Igreja Católica e na cultura brasileira, através das idéias positivistas. A vivência cotidiana, orientada por seus pressupostos valorativos, tende a reproduzir a alienação moral, em seus aspectos já assinalados: a repetição acrítica dos valores, a assimilação rígida dos preceitos e modos de comportamento, o pensamento ultrageneralizador, o preconceito, o conformismo, a discriminação, tendo em vista a não-aceitação do que não se adequa aos padrões de comportamento estereotipados como "corretos".

No cenário das transformações instituídas pelo capitalismo, no Brasil, o Serviço Social recusa a ordem burguesa, tratada como uma formação social capaz de trazer o progresso, mas, simultaneamente, os "desajustes", isto é, a "desintegração" da família, da comunidade, dos valores tradicionais.[2] Essa visão "anticapitalista" funda uma análise

---

Iamamoto & Carvalho (1982) e Netto (1991), trataremos da ética profissional dando por suposto que o Serviço Social contribui, de forma específica, na reprodução das relações sociais capitalistas.

2. "O progresso moral material ameaça ultrapassar a nossa capcidade moral e intelectual, construindo uma civilização que carece de ser emendada. As transformações foram de tal ordem, que modificam as funções sociais do Esta-

moralista da realidade social; permite que as relações de trabalho não sejam avaliadas pelas suas contradições fundantes e sim pelas suas conseqüências morais.

Nesse contexto, institui-se a idéia de um "círculo vicioso" que, partindo da entrada dos trabalhadores (homens, mulheres e crianças) na fábrica, desencadeia uma série de "desajustamentos": a propagação de "doenças", como o "alcoolismo"; o abandono das funções prioritárias da mulher, no "lar"; a ruptura dos laços comunitários e familiares. O resultado é a "decadência econômica e social", a "desordem moral" (Pinheiro, 1985: 15-16).

Nessa perspectiva, a moralização da realidade revela sua face político-ideológica e sua identidade de projeto social conservador. Trata-se de evitar o "desequilíbrio" da "ordem", evidenciado pela: "'camaradagem' entre operários e operárias; 'independência' da mulher pelo trabalho assalariado; ameaça posta pelas 'ideologias extremas'" (idem).

Como podemos observar, essa forma de entender a realidade explicita valores morais e pressupostos teóricopolíticos encontrados tanto no positivismo quanto no neotomismo, bases da formação profissional, em sua origem. Mas, principalmente, em termos ético-morais e ídeo-políticos, expressa o conservadorismo moral contido em projetos sociais e na cultura brasileira. Dessa forma, não é dada, como possibilidade, apenas na formação profissional mas, também, na socialização primária, em que ocorre a internalização de valores, normas de conduta e deveres, ou seja, na formação moral dos indivíduos sociais. No caso do Serviço Social, isso se efetua de modos peculiares, pelo fato de a profissão constituir-se historicamente como uma profissão "feminina" de origem católica.

---

do; e o velho mundo, atirado nesse mundo novo, ainda não se equilibrou. O lar, que era centro da produção, fonte de trabalho, em conjunto, em torno de uma mesma mesa, renda para um só dono, e definia o ideal de comunidade, apresenta-se, hoje, radicalmente transformado. As fábricas, ocupando não só os homens mas também as mulheres e os menores, tornaram, afastando-os do lar, mais frágeis os laços de comunidade familiar" (Pinheiro, 1985: 15).

A origem social das mulheres que ingressam nas primeiras Escolas de Serviço Social vincula-se ao pensamento católico e às classes dominantes;[3] como mulheres e católicas, são influenciadas pelos padrões da moral conservadora. As determinações postas por esta origem social e de gênero influem na formação de um perfil potencialmente adequado a atividades educativas, de cunho moralizador.[4]

No âmbito das determinações da gênese do *ethos* profissional, esse aspecto adquire uma importância significativa, tendo em vista que a educação moral internalizada no processo de socialização dos indivíduos é formadora de um referencial de valor que a formação e prática profissionais podem romper ou consolidar. No caso do Serviço Social, em sua origem, a formação profissional tende a reforçar elementos já assimilados anteriormente.

Ao analisar a configuração histórica dos valores e da família na sociedade brasileira, Azzi aponta as formas de pensar que, no início do século XX, orientam a reprodução da família nos moldes conservadores: o positivismo[5] e o

---

3. "Os núcleos pioneiros do Serviço Social, surgindo como ramificação da ação católica e da ação social, têm sua base social definida pela composição do bloco católico. O que não impede, no entanto, que possuam especificidades bem definidas: trata-se fundamentalmente de um núcleo feminino, originado do sistema de ensino mantido pela igreja e das modernas obras sociais; constitui-se a partir de moças e senhoras da sociedade, isto é, pertencentes aos setores abastados da sociedade; ter como um ponto em comum alguma forma de militância nos meios católicos" (Carvalho, in Iamamoto & Carvalho, 1982: 222-223).

4. "A formação moral seria o coroamento do trabalho de preparação do assistente social, pois, na falta de uma formação moral solidamente edificada sobre uma base de princípios cristãos, a ação seria falha, devido à ausência dos elementos que garantem uma ação educativa, que é visada pelo Serviço Social [...] devem estar aptos para agir com firmeza e perseverança na tarefa de reeducar as classes baixas. E, principalmente, devem ter certeza da noção de legitimidade de sua intervenção no modo de vida e consciência de seus assistidos" (Carvalho, in Iamamoto & Carvalho, 1982: 230-231).

5. Como mostra Azzi, a ideologia positivista, desde a Primeira República, influenciou o pensamento político brasileiro; "imbuiu uma parte considerável da burguesia em ascensão da mesma mentalidade autoritária e conservadora dos senhores de terra da época colonial e imperial. Essa concepção autoritária do estado, trazida pelo positivismo, foi reforçada na década de 30 pelas idéias

pensamento católico. O autor evidencia que, em termos de valores, ambos se opõem às idéias liberais e socialistas; negam a participação da mulher na vida pública (no trabalho e na política), defendem a preservação da família tradicional e uma determinada conduta moral repressiva que vincula o papel da mulher a determinados atributos entendidos como parte de sua "natureza".[6]

O pensamento positivista comteano explica e justifica ideologicamente a ordem social burguesa e uma de suas peculiaridades reside em seu tratamento moral dos conflitos e contradições sociais. Seu conservadorismo, expresso em sua defesa da ordem e da autoridade, aliado à idéia de uma ordem social naturalmente "harmônica", possibilita que as lutas sociais sejam vistas como "desordem" que a educação moral pode superar. A articulação entre a "harmonia" social e a ação moral tem como fundamento a valorização do altruísmo e da persuasão em busca da coesão social.

Na medida em que a "harmonia" funda uma justificação para a "superação" dos "conflitos" sociais, a persuasão, na direção de uma aceitação da ordem social dada, emerge como instrumento de coesão social; para tal, parte-se da idéia de que o altruísmo contribui para que os interesses particulares sejam subordinados ao progresso e à estabilidade sociais. Nesta perspectiva, as sanções e apelos ético-morais recaem sobre o indivíduo, tendo como parâmetros as normas dadas pela educação moral fundada em princípios e valores tradicionais.

O aspecto ideológico conservador do pensamento positivista não está apenas na defesa da família nos mol-

---

difundidas pelo integralismo e pela influência do próprio fascismo italiano" (Azzi, 1987: 12).

6. A moral sexual é uma das faces do conservadorismo viabilizador de condutas repressivas e preconceituosas, donde a defesa da fidelidade feminina, a subordinação à superioridade masculina, a oposição ao aborto, ao concubinato, a todas as formas de relacionamento que fujam aos padrões do casamento tradicional e da família patriarcal.

des tradicionais, mas, principalmente, na desfesa da propriedade privada, base de constituição da família e de preservação do papel da mulher.[7] Nesse sentido, o pensamento católico e o positivismo compõem uma cultura conservadora dirigida fundamentalmente à socialização das mulheres: " esteio moral" da família. Quanto a isso, pretende-se a formação de uma moralidade "feminina", cujas virtudes são assim consideradas pela Igreja Católica, no início do século, no Brasil:

> "O ideal feminino e seu destino natural — alheamento do mundo, perene sofrimento e renúncia — configura-se através de virtudes como pureza, bondade, paciência, abnegação...Cabem à mulher papéis assimétricos em relação ao homem na família e no casamento. Desde a infância, prepara-se a menina para a obediência e a submissão a seus irmãos e ao pai. A justificativa para a situação assimétrica entre os sexos é vista em termos morais e religiosos" (Azzi, 1987: 93-94).

A formação moral da mulher, nos moldes conservadores, lhe confere "virtudes" que passam a compor determinados papéis: educada para assumir uma responsabilidade na educação moral e cívica dos filhos, a mulher é potencialmente formada para profissões que se legitimam socialmente como "profissões femininas", das quais se exige mais um perfil adequado a padrões morais conservadores, do que propriamente qualidades técnicas e intelectuais.

Socializada para aceitar uma rígida hierarquia de papéis sociais, legitimadora da autoridade e superioridade

---

7. "Toda a essência da perspectiva conservadora sobre a propriedade e da componente fortemente romano-feudal dessa perspectiva, encontra-se, evidentemente, nos costumes e leis da primogenitura e 'morgadio'. Ambas eram destinadas a proteger o caráter familiar da propriedade, a impedir que se tornasse na possessão, incerta e possivelmente transitória, de um só indivíduo. Quase tudo na lei medieval sobre a família e o casamento, incluindo a severa ênfase posta na castidade da mulher, o castigo terrível que podia ser imposto ao adultério pela esposa, veio de uma reverência quase absoluta pela propriedade, pela herança legítima da propriedade" (Nisbet, 1987: 98).

masculinas, da repressão sexual e da internalização de normas de comportamento reprodutoras do moralismo característico do *ethos* conservador, a mulher tem limitadas opções profissionais: pode dedicar-se a uma profissão que não ponha em questão seus valores e princípios, ou seja, voltar-se às atividades que, tidas como "próprias a mulher", não demandem uma ruptura com seu papel social.[8]

Apesar de se oporem em muitos aspectos, o pensamento católico tradicional e o positivismo compartilham da ideologia conservadora e da crença na moral como espaço de enfrentamento da *"questão social"*. Na formação profissional dos primeiros assistentes sociais, seus valores reforçam a cultura conservadora presente na formação moral da mulher.

1.2. O significado da moralização da "questão social"

O tratamento moral da "questão social" tem um significado particular, se pensado em termos do que ela representa como uma expressão específica da luta de classes.

A "questão social", datada da segunda metade do século XIX, na Europa ocidental, está organicamente conectada à emergência do proletariado no cenário político reivindicando direitos sociais. Essas reivindicações são uma expressão específica de lutas mais gerais, de caráter revolucionário, acumuladas pelos trabalhadores, no âmbito da sociedade moderna. Como tal, evidenciam sua consciência de classe adquirida ao longo de conquistas e derrotas históricas, tendo como marcos as revoluções proletárias de

---

8. Tais profissões têm uma trajetória ética muito semelhante. Em estudo sobre a ética da enfermagem, por exemplo, Germano salienta sua origem junto à Igreja Católica, observando os seguintes valores profissionais: "prudência, honra, lealdade à instituição, paciência e bondade, caridade e abnegação..." (Germano, 1993: 95-125). Rios, ao analisar a atuação tradicional do educador, aponta para a configuração "feminina" do seu papel: "dá-se ênfase à dimensão afetiva, e o bom educador acaba sendo aquele educador 'bonzinho'" (Rios, 1993: 52).

1848, na Europa, e a reação conservadora da burguesia e seus aliados[9].

A organização política dos trabalhadores é construída na vida cotidiana, em face da alienação e das respostas que possibilitam suspender a cotidianidade alienada. Neste processo, vivido em suas contradições, a práxis política se afirma como mediação e forma de objetivação de valores éticos voltados à liberdade e coesão dos sujeitos coletivos. Constrói-se um *ethos* fundado na oposição ao individualismo burguês e ao conservadorismo moral; um modo de ser cujos valores decorrem da vivência coletiva em torno de necessidades e interesses comuns, donde a valorização do companheirismo, da solidariedade, da resistência, da lealdade, da liberdade.[10]

Nesse processo, vão sendo gestadas alternativas, finalidades e valores que dão sentido a um novo projeto societário: trata-se de superar os limites burgueses, na direção de uma sociedade socialista.[11] O socialismo, inde-

---

9. "Nos primeiros cinqüenta anos do século 19, este enfrentamento vem à luz com clareza meridiana: as insurreições proletárias de 1848 e sua repressão pela burguesia (associada à nobreza que ela acabara de derrocar) liquidaram entre as 'ilusões heróicas' da Revolução Francesa e puseram a nu o caráter opressor da organização social dela derivada. O movimento dos trabalhadores urbanos, embrionário no final do século 18, avançando por diferentes e sucessivas etapas, transita do protesto negativo para um projeto político de classe: a revolução socialista. A partir daí, é possível ao proletariado colocar-se como sujeito histórico-político autônomo" (Netto, 1991a: 12).

10. Isto implica a instituição de valores e normas de convivência; como aponta Hobsbawm, por exemplo, "não ser furador de greve" (ou palavras de efeito semelhante) era — e continuou sendo — o primeiro mandamento de seu código moral; aquele que deixasse de ser solidário tornava-se o judas de sua comunidade" (Hobsbawm, 1981: 233). Segundo ele, "a tradição jacobina ganhou solidez e continuidade sem precedentes e penetração nas massas a partir da coesiva solidariedade e da lealdade que eram características do novo proletariado. Os proletários não se mantinham unidos pelo simples fato de serem pobres e estarem no mesmo lugar, mas pelo fato de que trabalhar junto e em grande número, colaborando uns com os outros numa mesma tarefa e apoiando-se mutuamente constituía sua própria vida. A solidariedade inquebrantável era sua única arma, pois somente assim eles poderiam demonstrar seu modesto mas decisivo ser coletivo" (idem, 1981: 233).

11. É importante ressaltar a presença das contradições, pois não se trata de afirmar que os trabalhadores estivessem imunes à alienação e à influência do

pendentemente das formas de luta que se travam em cada momento, passa a se constituir num ideário, ou seja, na teleologia dos movimentos proletários e lutas populares, ao longo da história.

Pelo seu potencial emancipatório, os trabalhadores organizados são a negatividade da sociedade capitalista; donde a forte reação da burguesia e das forças conservadoras aos movimentos vinculados ao projeto socialista. No contexto da Europa, no final do século XIX, a dupla oposição ao liberalismo e ao socialismo se apresenta através dos estratos sociais que — ligados à antiga nobreza, à Igreja Católica e seus intelectuais — historicamente combateram a Revolução Francesa e seus ideais: os representantes do pensamento conservador.[12]

Portanto, em suas raízes, o conservadorismo é um projeto político de oposição histórica ao Iluminismo, ao liberalismo e às idéias socialistas. Como já assinalamos, ele valoriza o passado, a tradição, a autoridade fundada na hierarquia e na ordem. Com isso, nega a razão, a democracia, a liberdade, a indústria, a tecnologia, o divórcio, a emancipação da mulher, enfim, todas as conquistas da época moderna.[13]

Em face das reivindicações dos trabalhadores, esse projeto político adquire um significado preciso: trata-se de garantir a reprodução de um sistema moral que assegure a "ordem", ou seja, que identifique as lutas políticas como indícios de uma "desordem" que deve ser combatida.

---

ethos dominante, e sim, de salientar que, em condições históricas determinadas, em face das lutas cotidianas, se constroem novos referenciais de valor relativos àquelas circunstâncias e à capacidade prática de superá-las.

12. Vendo nos movimentos de cunho socialista mais um opositor, essa reação conservadora, articulada em torno de tendências românticas restauradoras do passado feudal, tem como referencial filosófico fundamental o pensamento de Edmundo Burke, na Inglaterra, e de Maistre, Bonald e Lamennais, na França.

13. Para Burke, a história é a experiência trazida do passado e legitimada no presente pelas tradições, o que vem negar o espírito dinâmico contido no ideário moderno de valorização do presente, tendo como perspectiva o futuro.

Assim, a consideração moral da "questão social" é uma proposta político-ideológica oculta pelo discurso ético. Sua ênfase na educação moral como elemento fundamental no combate à "desordem" social[14] tem por objetivo o combate político aos movimentos operários, ou seja, a conservação da ordem social[15].

No contexto da "questão social", as reivindicações dos trabalhadores por direitos não se configura como uma luta revolucionária, mas, pelo seu potencial, são tratadas como tal. Assim, as greves, as manifestações por melhores salários, por uma legislação de proteção ao trabalho, por melhores condições de vida, são vistas pelos conservadores como possibilidade de ruptura com a ordem social dada.

O que está em luta são projetos societários; frente às crises econômicas e político-ideológicas evidenciadas no capitalismo monopolista, as propostas da burguesia devem, no máximo, apontar para reformas que não ponham em risco a (re)produção do capital e sua manutenção no poder. As forças conservadoras, por seu lado, não pretendem derrubar a ordem burguesa e sim, reformá-la de modo a reatualizar valores e modos de vida tradicionais, o que propicia uma identidade com a ordem burguesa, em face

---

14. Frente à crise política do século XIX, por exemplo, Comte propõe um programa de "educação proletária", que visa atingir a mulher e a família operária. Em suas palavras: "o povo está naturalmente disposto a desejar que a vã e tempestuosa discussão dos direitos seja enfim substituída por uma fecunda e salutar apreciação dos deveres [...] se o povo está agora, e deve permanecer a partir desse momento, indiferente à posse direta do poder político, nunca pode renunciar à sua indispensável participação no poder moral" (Comte, 1977: 115).

15. "Tanto o positivismo como o funcionalismo estão realmente interessados somente em certos tipos de crenças morais compartilhadas: as que são produtoras da ordem. O positivismo tendia a pressupor que, de certo modo, os valores morais compartilhados que não produziam a ordem não eram 'realmente' valores morais. É evidente, por exemplo, que quando Comte falava de 'liberdade de consciência' individual, referia-se a um tipo de valor moral; sem dúvida, o condenava porque conduzia os homens a conclusões diferentes e, desse modo, dissolvia o consenso social. O positivismo clássico julgava o verdadeiramente moral pelas suas conseqüências, pela sua contribuição ao consenso [...] em resumo, a ordem passa a ser a base fundamental em função da qual se concebe a moral" (Gouldner, 1970: 23).

de um inimigo comum: os movimentos de cunho socialista, por sua negação da propriedade privada, valor intocável tanto para a burguesia como para os movimentos conservadores.

Entendida dessa forma, a "questão social" não se refere apenas à existência de desigualdades, mas às formas históricas de seu equacionamento, em face do significado político das lutas proletárias. Quando o capitalismo evidencia e aprofunda suas contradições, no contexto dos monopólios, a "questão social" torna-se alvo de respostas sistemáticas por parte do Estado e das classes dominantes, para garantir a reprodução da força de trabalho, mas, principalmente, para evitar qualquer manifestação que possa pôr em questão a ordem social.

Estamos afirmando que o tratamento moral da "questão social" é uma resposta política de várias forças sociais ao potencial emancipador das lutas proletárias; uma reação de caráter conservador que perpassa pelas estratégias do Estado capitalista, pelo projeto social da Igreja Católica e pelo Serviço Social, no contexto de sua origem.

No âmbito da Igreja Católica, essa reação é ao mesmo tempo anticomunista e antiliberal, colocando-se como alternativa ao socialismo e ao liberalismo, ou seja, como uma "terceira via" de desenvolvimento do capitalismo.[16] A dimensão político-ideológica dessa intervenção em face da "questão social" é claramente exposta na *Encíclica Rerum Novarum*, em que Leão XIII defende a desigualdade como "natural" e necessária à reprodução da "ordem harmôni-

---

16. A Igreja "deixa de se antagonizar ao capitalismo para concebê-lo através de uma terceira via — em que o liberalismo é substituído pelo comunitarismo ético cristão —, passa a localizar na vanguarda socialista do movimento operário seu principal inimigo. Radicaliza-se a postura anticomunista da hierarquia e do movimento laico. O eixo principal de sua atividade de propaganda e proselitismo será, crescentemente, uma intensa campanha ideológica em que se procura vincular o comunismo às idéias de miséria e barbárie. Ver-se-á no laicismo e liberalismo os germes do socialismo totalitário" (Carvalho, in Iamamoto & Carvalho, 1982: 162).

ca", negando, com isso, a luta de classes, tida como algo que vai contra a natureza da sociedade. Como diz ele,

"O erro capital na questão presente é crer que as duas classes são inimigas inatas uma da outra, como se a natureza tivesse armado ricos e pobres para se combaterem mutuamente num duelo obstinado" (Leão XIII, 1985: 18-19).

Nesse contexto, o "bem comum" é vinculado a um projeto social de bases reformistas que visa assegurar um consenso entre as classes, tendo em vista a aceitação, por parte dos indivíduos e das classes sociais, de sua condição "naturalmente dada". Apoiando-se na filosofia tomista, a Rerum Novarum concebe a desigualdade social como uma decorrência da diversidade de funções naturais, o que justifica as condições sociais de classe, donde o apelo para um consenso entre capital e trabalho: "As duas classes são destinadas pela natureza a unirem-se harmoniosamente e a conservarem-se em perfeito equilíbrio" (idem: 20).

A moral se apresenta como um dos elementos viabilizadores da reforma cristã, pois entende-se que, através da reatualização dos valores tradicionais, de modos de vida reprodutores das funções básicas da família e da mulher, seja possível manter a ordem social necessária ao "bem comum". Na medida em que a conservação da família tradicional é pressuposto para a manutenção da propriedade privada, a mulher, como "esteio moral" da família, apresenta-se como um elemento-chave do projeto social cristão.

Mas o enfrentamento moral da questão social é também realizado pelo Estado, tendo por finalidades a busca de um consenso social e o controle e a reprodução da força de trabalho. Resta salientar como a moral contempla essa função político-ideológica do Estado capitalista.

A emergência do proletariado, como força política reivindicando direitos, exige um redimensionamento das funções políticas do Estado. Suas respostas, em função das necessidades econômicas de acumulação e valorização do capital, são dirigidas à criação de mecanismos de intervenção extra-econômicos, onde se ressalta a "preservação e o controle contínuos da força de trabalho, ocupada e excedente" (Netto, 1992: 22).

Tal articulação entre as funções econômicas e políticas do Estado implica a obtenção do consenso necessário à sua legitimação, o que se efetua "mediante a generalização e a institucionalização de direitos e garantias cívicas e sociais" (idem: 23). É assim que colocam-se condições para que, contraditoriamente, o Estado burguês responda às necessidades do capital e incorpore parte das demandas e reivindicações das classes trabalhadoras.[17]

É sob tais condições que as "seqüelas" da "questão social" tornam-se objeto de intervenção sistemática do Estado, o que se materializa em políticas sociais que, de modo contraditório, atendem a necessidades antagônicas[18]. Ao reproduzir tal articulação entre coerção e consenso, o Estado busca controlar as classes trabalhadoras e, ao mesmo tempo, legitimar-se como representativo de toda a sociedade. Para isso, a moral funciona como instrumento ideológico favorecedor do consenso; o que podemos observar no projeto populista, corporativista e assistencial[19] do Governo Vargas, com sua veiculação ideológica de valores éticos:

---

17. "O capitalismo monopolista, pelas suas dinâmica e contradições, cria condições tais que o Estado por ele capturado, ao buscar legitimação política através do jogo democrático, é permeável a demandas das classes subalternas, que podem fazer incidir nele seus interesses e suas reivindicações imediatas [...] este processo é todo ele tensionado, não só pelas exigências da ordem monopólica, mas pelos conflitos que esta faz dimanar em toda escala societária" (Netto, 1992: 25).

18. Isto, porém, é determinado por inúmeras mediações e conflitos; como adverte Netto: "a dinâmica das políticas sociais está longe de esgotar-se numa tensão bipolar — segmentos da sociedade demandantes/estado burguês no capitalismo monopolista. De fato, elas são resultantes extremamente complexas de um complicado jogo em que protagonistas e demandas são atravessados por contradições, confrontos e conflitos" (Netto, 1992: 29).

19. "O Estado assume paulatinamente uma organização cooperativa, canalizando para sua órbita os interesses divergentes que emergem das contradições entre as diferentes frações dominantes e as reivindicações dos setores populares, para, em nome da harmonia social e desenvolvimento, da colaboração entre as classes, repolitizá-las e disciplina-las, no sentido de se transformar num po-

"O trabalho será apresentado como virtude universal do homem, como atividade que cria riquezas, que propicia o desenvolvimento da sociedade. O capital é legitimado enquanto fruto do trabalho passado do capitalista e cada trabalhador é um patrão em potencial. As pessoas que trabalham estarão naturalmente unidas entre si, solidariamente, porque trabalham. Reiteram-se os pontos comuns e obscurece-se a clivagem de classes "(Carvalho, in Iamamoto & Carvalho, 1982: 157).

O Estado estabelece uma mediação ético-moral entre os indivíduos e a sociedade; com isso, descaracteriza-se aparentemente de suas funções coercitivas, burocráticas, impessoais, para tornar-se um espaço de relações "humanitárias". Através de um discurso ético universalizante, fragmenta as necessidades das classes trabalhadoras, transforma seus direitos em benefícios do Estado, subordina os indivíduos a várias formas de discriminação, responsabiliza-os pela sua condição social, despolitiza suas lutas, restringe suas escolhas, contribuindo para a reprodução de uma moralidade subalternizada e alienada.

Reconhecer a necessidade do atendimento das carências sociais não rompe com o *ethos* liberal, pois é parte de seu ideário o encaminhamento de soluções que visam repor as oportunidades para aqueles que, por alguma razão, não a tiveram ou não "souberam aproveitá-las". Assim, o pensamento social do Estado é também uma expressão do modo de ser capitalista, isto é, do *ethos* burguês; evidenciando o individualismo presente nas relações sociais, não se reproduz somente pela, ou através da idéia de que o outro é um limite à liberdade individual, mas também pela concepção de que o outro é um objeto, reproduzindo uma sociabilidade alienada de sua natureza interativa e cooperativa.

---

deroso instrumento de expansão e acumulação capitalista. A política social formulada pelo novo regime — que tomará forma através de legislação sindical e trabalhista — será sem dúvida um elemento central do processo" (Carvalho, in Iamamoto & Carvalho, 1982: 154).

A impessoalidade das relações institucionais, aliada à fragmentação das mediações sociais entre indivíduo e sociedade, permite que os indivíduos se relacionem sem se comprometerem em sua totalidade, tornando possível que as relações entre os homens objetivem-se como relações entre coisas, pois a própria exteriorização de um e de outro se dá segundo a lógica da posse e do consumo. Ao se transformarem em objetos passíveis de serem consumidos, os valores morais incorporam, também, essa lógica mercantil.

A alienação que perpassa as várias esferas da vida social contribui para que a totalidade social seja fragmentada em instâncias abstratas, desvinculadas das relações de poder, de classe, de trabalho. Cada uma das esferas sociais subdivide-se em esferas autônomas, aparentemente independentes entre si, cada qual com uma referência de valor. Ao mesmo tempo, o individualismo favorece a valorização da subjetividade e de uma moralidade individualizada em torno da singularidade do "eu" que se opõe à sociabilidade.

Ao reiterar a idéia de resolução moral dos conflitos, as políticas sociais veiculam uma dupla responsabilidade às classes subalternas: seu reconhecimento do Estado, como provedor de benefícios, e seu auto-reconhecimento, como responsável por seus desdobramentos. Com isto, o enfrentamento da "questão social" consolida dois modos de fragmentação: ela mesma se divide em "problemas" isolados e as classes às quais ela se destina são tratadas a partir dos indivíduos que as compõem, tomados isoladamente e responsabilizados, pessoalmente, pela sua continuidade. Como aponta Netto, trata-se de uma articulação entre o público e o privado: "a incorporação do caráter público da questão social vem acompanhada de um reforço da aparência da natureza privada das suas manifestações individuais" (Netto, 1992: 32).

A fragmentação peculiar à legitimação da ordem monopólica se desdobra em outras mediações; ao individualizar os problemas sociais, transforma-os em problemas de ordem "psicológica", como mostra Netto:

"A individualização dos problemas sociais, sua remissão à problemática singular ('psicológica') dos sujeitos por ela afetados é, como vimos, um elemento constante, embora com gravitação variável, no enfrentamento da 'questão social' na idade do monopólio; ela permite — com todas as conseqüências que daí decorrem — psicologizar os problemas sociais, transferindo a sua atenuação ou proposta de resolução para a modificação e/ou redefinição de características pessoais do indivíduo (é então que emergem, com rebatimentos prático-sociais de monta, as estratégias, retóricas e terapias de ajustamento, etc.)" (1992: 37).

Contraditoriamente, tal individualização funciona como um vínculo social entre o indivíduo e as instituições viabilizadoras das políticas sociais. Reproduzindo o ocultamento das reais determinações de tal vinculação, as políticas sociais reproduzem a alienação: a sociabilidade se expressa como dependência, os direitos sociais aparecem como benefícios, o que conduz ao reconhecimento da face humanitária do Estado e ao "auto-reconhecimento" do indivíduo como subalterno.

Assim, no âmbito do enfrentamento da "questão social", a justificação ideológica do Estado em face das desigualdades e das reivindicações das classes trabalhadoras pode, ao mesmo tempo, responsabilizar os indivíduos e despolitizar suas reivindicações, trazendo sua solução para o campo da moral. Com isso se redefine a relação entre público e privado: o intimismo do privado é trazido para o público, que adquire uma aparência "humanitária"; os problemas sociais deixam de ser político-econômicos para se transformar em "problemas" de ordem moral; são atendidos publicamente, mas tal atendimento se reveste de conteúdos "privados": a emotividade, a remissão ao eu.[20]

---

20. Na atuação do Serviço Social, em sua origem, isto não significa uma relação horizontal; ela o é somente em função do "cliente", ou seja, sua privacidade é invadida, seus "problemas" são tratados como pessoais, mas, do ponto de vista da ética profissional, delimita-se claramente a "fronteira profissional", como exemplifica Verdès-Leroux, com o seguinte depoimento de uma

Isso não elimina as contradições; ao se contrapor aos valores coletivos expressos na organização dos trabalhadores, a moral burguesa reproduz uma ambigüidade interna insuperável nos marcos do capitalismo: a defasagem entre os valores humano-genéricos e sua objetivação na vida social. Seu humanismo, portanto, é universal abstrato, o que a torna essencialmente moralista, como explica Simões:

"Os valores 'humanos' passam a valer por si mesmos, sem qualificação social, porque baseados na privacidade e no indivíduo... Tal como a burguesia passa a editá-la [a moral], torna-se um conjunto de princípios abstratos de índole vagamente humanista e que só espiritualmente mantém o caráter comunitário do trabalho... Esta moralidade tende permanentemente a falsificá-lo, a apresentar como 'comunitário' o seu interesse particular. Como à moral compete recompor os nexos coletivos, o interesse privado, travestido de valor moral, só pode configurar-se como moralismo" (Simões, 1990: 59- 60).

O capitalismo cria as condições para que a moral se objetive predominantemente voltada apenas à singularidade dos indivíduos sociais, numa existência isolada das relações sociais que objetivam os sujeitos éticos. Embora a separação entre a moral pública e a privada faça parte do desenvolvimento da sociedade burguesa, as contradições daí resultantes tornam-se problemas a serem equacionados de modo a recompor formas de integração social. Por um lado, a configuração jurídica da moral (no direito) permite que ela se desvincule aparentemente das relações de trabalho, o que possibilita que o salário e as condições de trabalho sejam regidos por interesses privados e excluídos

---

assistente social: "Penso que há coisas que não se deve fazer. É necessário, como assistente, compreender as pessoas, sentir-se próximo a elas, mas nunca se deve atravessar a fronteira, nada deve fazer que possa revestir-se de uma certa ambivalência amical... assim, tomar um cafezinho, aceitar um bombom — são pequenas coisas que tendem a sair do quadro profissional" (Verdès-Leroux, 1986: 76).

de vínculos coletivos e de valores ético-morais tais como a solidariedade.

A partir desses pressupostos é possível que os indivíduos sejam responsabilizados pela sua situação social, mas encontrem, no Estado, uma forma de atendimento que lhes ofereça condições de "superá-la" — o que só se torna viável se tal atendimento for capaz de despolitizar as políticas sociais, de modo que elas não sejam reconhecidas como obtenção de direitos sociais e sim, como benefícios de cunho moral.

Mas, ao mesmo tempo, a própria existência do trabalho, nas condições de exploração e dominação capitalistas, propicia o resgate de tais vínculos, o que se volta contra o capital, na medida em que passa a se configurar na consciência de classe e na organização coletiva dos trabalhadores, articulando uma moralidade crítica, ou seja, uma ética fundada no trabalho e na liberdade.

Portanto, apreendida em suas determinações fundantes, a "questão social" é uma expressão particular do antagonismo de classes. Tal reconhecimento, porém, não condiz com os interesses e as necessidades objetivas de (re)produção da ordem social burguesa; seu enfrentamento supõe sua fragmentação e parcialização, ou seja, sua transformação em "problemas" morais individuais. Esta fragmentação, porém, não elimina a conexão real entre a ética e a política, permitindo que ela se expresse contraditoriamente, determinando novos equacionamentos e mediações.

Consideramos que, se existe uma dimensão moral nas funções e estratégias do Estado em face da questão social, tornando-o um espaço de resolução de contradições que adquirem a forma de "problemas" morais, isto só é possível pela funcionalidade da moral como instrumento de controle político ideológico voltado à coesão social e pelas formas fragmentárias por meio das quais a totalidade social opera suas mediações ocultas pela retificação.

Logo, a própria natureza da moral, nas condições da sociedade burguesa, propicia sua reprodução contraditória; sua presença na vida cotidiana possibilita o ocultamento dos vínculos sociais; sua potencialidade ética estabelece mediações com a totalidade social, propiciando a conexão crítica com valores humano-genéricos, a negação da ordem social e as possibilidades de objetivação de uma ética teleologicamente voltada à superação dos limites da cidadania burguesa.

1.3. Os fundamentos filosóficos da ética profissional tradicional

A dimensão ética da profissão, em sua origem, tem sua centralidade afirmada nas Escolas de Serviço Social; através das disciplinas de Filosofia e Ética, são reproduzidos os princípios éticos buscados na filosofia tomista, no positivismo e no pensamento conservador.

O neotomismo[21] repõe, sob novas determinações históricas, a filosofia tomista.[22] Para esse pensamento filosófico de base teológica, o princípio da existência de Deus confere uma hierarquia aos valores morais, tendo em vista sua subordinação às "leis naturais" decorrentes das "leis divinas". A natureza humana é considerada a partir de uma "ordem universal imutável", donde as funções inerentes a cada ser apresentarem-se como necessárias à "harmonia" do conjunto social, cuja realização leva ao "bem comum" ou à "felicidade geral".

Para tal filosofia, a "auto-realização da pessoa humana" supõe a moralidade ou "consciência reta" voltada à objetivação dos valores universais que adquirem sentido

---

21. Netto aponta para duas tradições culturais inscritas nas protoformas do Serviço Social: a européia, através do neotomismo, e a norte-americana, influenciada pelo pragmatismo e pelo personalismo, que não se confunde com o personalismo europeu; trata-se de um pensamento voltado ao "combate ao materialismo, ao evolucionismo e ao racionalismo..." (Netto, 1992: 119). Na década de trinta, entretanto, ocorre uma interação entre tais correntes: o neotomismo se expressa nas produções norte-americanas e o Serviço Social europeu incorpora as técnicas norte-americanas. Segundo Netto, tal sincretismo cultural-ideológico é internalizado acriticamente pelo Serviço Social brasileiro.

22. Sobre o neotomismo e sua influência no Serviço Social, consultar Aguiar (1984) e Barroco (1986).

absoluto e se dirigem ao "fim último" da existência humana: a "perfectibilidade". Ao obedecer às leis morais, os homens realizam sua "essência", o que os aproxima de Deus, fonte dos valores universais. O homem é dotado de "livre-arbítrio", sendo assim capaz de liberdade; contudo, as escolhas nem sempre se referem ao "bem", pois existem os "vícios", ou seja, aquilo que o afasta da "perfectibilidade" à qual tende sua "natureza humana". Assim, para se afastar do "mal", os homens devem se habituar a fazer o "bem".

O hábito, disposição e exercício para "agir bem", supõe a educação moral formadora de costumes voltados à dominação das "paixões" e valorização das "virtudes". Cabe, pois, às instituições responsáveis pela ordem moral e espiritual da sociedade, família e Igreja, desencadearem uma ação que busque atualizar as potencialidades humanas, o que significa levar os homens a cumprir sua função, sua natureza. Nestes parâmetros, a mulher é considerada como agente moral responsável pela socialização dos filhos, nos moldes da educação cristã. Para que o "bem comum" se realize, é preciso que o Estado e as instituições garantam a hierarquia e a autoridade inscritas na "ordem natural" da sociedade; porém, o Estado não deve interferir na autonomia da família e da Igreja — com isso não haverá conflitos entre o poder espiritual e o temporal.

Os valores universais do neotomismo perdem sua abstração na medida em que indicam o significado do "bem inerente à consciência moral": trata-se da reprodução de valores e princípios dados pela fé, mas que, traduzidos pela Igreja Católica, adquirem uma direção político-ideológica determinada.[23] No contexto que estamos analisando são

---

23. "O neotomismo procurará oferecer um calço mais consistente à Igreja nos seus confrontos, também pela via da doutrina social, com a modernidade [...] insere-se num largo processo de mobilização da Igreja para fazer face, teórica, doutrinária e praticamente, aos desafios intelectuais, científicos, políticos e ideológicos postos, por um lado, pelo desenvolvimento filosófico e científico e, de outro, pela laicização das instituições sociais burguesas e pelo movimento operário orientado pelo marxismo e pelo magnetismo desencadeado pela primeira experiência de transição socialista" (Netto, 1992: 121).

traduzidos em sua Doutrina Social e no projeto político-ideológico de recristianização da sociedade, em face da "questão social".

Sob tais condições, institui-se um dado *ethos* profissional que se desdobra nas várias dimensões que compõem a ética profissional do Serviço Social — sua prática moral, sua moralidade, sua sustentação filosófica e sua expressão formal: o Código de Ética.

A ação profissional é tida como uma "vocação" a ser exercida por indivíduos dotados de um perfil ético-moral dado por "qualidades inatas", daí a consideração de seus componentes como elementos da "natureza feminina".[24] Esse *ethos* passa a compor sua imagem social historicamente legitimada: o assistente social deve ser um exemplo de "integridade" moral, o que, concebido a partir do conservadorismo ético, irá se expressar em normas de conduta que abrangem inclusive sua vida pessoal, impondo-lhe deveres e normas de comportamento[25].

A moral se apresenta como um elemento funcional à implementação de programas educativo-assistenciais formulados pelo empresariado e pelo Estado e viabilizados por vários profissionais, entre eles o assistente social; sua legitimação decorre, entre outros aspectos, do seu perfil potencialmente adequado a uma ação moralizadora, o que Verdès-Leroux analisa em termos da utilidade social da profissão, em face de sua formação como mulher e profissional:

---

24. Em 1936, durante a 1ª Semana da Ação Social do Rio de Janeiro, é feita a seguinte recomendação: "Não me canso de repetir às moças, que busquem, quando possível, escolher carreiras que digam com suas aptidões profundas e especialmente femininas, aquelas que podem dar de si, de seu coração, de sua alma, de seu devotamento aos que sofrem, aos que lutam" (in Pinheiro, 1985: 151).

25. Na Escola de Serviço Social de São Paulo, no final da década de 1930, são requisitos para a admissão: "a) ter dezoito anos completos e menos de 40; apresentar referência de três pessoas idôneas e atestado de sanidade". No mesmo período, o Instituto de Educação Familiar e Social do Rio de Janeiro requer a apresentação de "atestado de idoneidade moral ou ser apresentada por pessoa idônea..." (Pinheiro, 1985: 150-153).

"A formação assim recebida predispõe as assistentes sociais a uma apreensão moralizadora das soluções materiais [...] São, finalmente, os valores do militantismo católico que dão seu lirismo particular à exaltação do serviço ao próximo, como sentido da profissão" (Verdès-Leroux, 1986: 48).

A ação profissional tem por objetivo eliminar os "desajustes sociais" através de uma intervenção moralizadora de caráter individualizado e psicologizante; os "problemas sociais" são concebidos como um conjunto de "disfunções sociais", julgadas moralmente segundo uma concepção de "normalidade" dada pelos valores cristãos.[26]

Com tais parâmetros, o Serviço Social se auto-reconhece como promotor do "bem comum" e, como tal, viabilizador de uma ética profissional comprometida socialmente. Entretanto, as implicações ético-políticas da prática profissional contribuem, independentemente da "boa" intenção dos profissionais, para a reprodução de mecanismos de dominação ideológica e para a alienação moral.

A tendência ao "ajustamento social", à psicologização da questão social, transforma as demandas por direitos sociais em "patologias"; com isso, o Serviço Social deixa de viabilizar o que eticamente é de sua responsabilidade: atender às necessidades dos usuários, realizar objetivamente seus direitos.[27] Ao mesmo tempo, ao moralizar a "questão

---

26. O Serviço Social, em 1939, assim se refere ao problema do menor: "...pudemos verificar que os complexos dos desajustados sociais gravitam em círculo vicioso. Se o chefe de família ganha pouco, tem o seu orçamento deficitário, contrariado, bebe para esquecer. Se bebe, vicia-se. Viciado, esquece seus deveres. A família sem amparo, de queda em queda vai até a delinqüência. A prole é então portadora de taras. Em outros casos, quando o chefe não bebe, mas como a casa é vazia de conforto e alegria, vai para a rua. E a rua é a perdição dos desajustados sociais. Mulheres que trabalham e têm filhos, nem são mães nem esposas. Homens que têm filhos com várias mulheres; mulheres que têm filhos com vários homens. Casais separados... casais desarmônicos... urge o amparo à criança" (Pinheiro, 1985: 81-82).

27. Verdès-Leroux mostra como opera a tradicional tendência à psicologização: "A simplificação e o aviltamento do sentido dos conceitos da psicanálise, a tônica dada à sua conotação patológica, a idéia preconcebida de ignorar sua interdependência e sua seleção numa perspectiva genética domi-

social", transforma a moral em moralismo, o que reproduz uma ética profissional preconceituosa, negando seu discurso humanitário.[28]

O rebatimento da ação profissional na realidade social adquire objetividade ético-política na medida em que contribui para o ocultamento dos elementos que fundam a "questão social" e para a reprodução de um *ethos* fortalecedor do deslocamento da base material de constituição das desigualdades sociais para a esfera moral. A moral adquire um sentido negativo, isto é, deixa de objetivar-se como espaço de realização de escolhas vinculadas à liberdade, como possibilidade de mediação entre as esferas e dimensões da vida social, para tornar-se um instrumento de alienação, favorecedor da legitimação da sociabilidade burguesa reificada.

As configurações do *ethos* profissional, em sua origem, condicionam a imagem e auto-representação do Serviço Social tradicional: uma profissão mediada por valores humanistas, com forte apelo ético-moral. Disto, porém, não decorre um debate ético crítico permanente, nem tampouco uma produção teórica sistemática; com isso, a elaboração teórica da ética profissional fica basicamente restrita aos Códigos de Ética, o que só vem se alterar nos anos 90.

Os pressupostos neotomistas e positivistas fundamentam os Códigos de Ética Profissional, no Brasil, de 1948 a 1975.[29] Em 1948, a ação profissional é claramente subordi-

---

nante levam à definição de dois eixos: a legitimação científica do primado da afetividade sobre os comportamentos sociais, econômicos e psicológicos da história individual; e a constituição de esquemas explicativos globais capazes de fornecer uma norma de desenvolvimento afetivo que assegure a distinção entre as pessoas 'normais' e 'anormais'" (Verdès-Leroux, 1986: 73).

28. Não estamos julgando moralmente os profissionais; como salientamos, não se trata de "má intenção", mas de condicionamentos históricos. O que aqui importa ressaltar é a direção social decorrente do conteúdo concreto dos valores profissionais, apontando a defasagem entre a intenção (referida a valores universais abstratos) e as normas concretas.

29. O primeiro Código de Ética Profissional do Assistente Social, elaborado pela ABAS (Associação Brasileira de Assistentes Sociais), em 1948. A profissão é regulamentada em 1962, quando são criados os Conselhos Federal e

nada à intenção ético-moral dos seus agentes, entendida como uma decorrência natural da fé religiosa. A ética é concebida como "a ciência dos princípios e das normas que se devem seguir para fazer o bem e evitar o mal" (ABAS, 1948: 40); sua importância é afirmada em face da atuação profissional voltada às "pessoas humanas desajustadas ou empenhadas no desenvolvimento da própria personalidade" (idem).

A formação profissional, "em todos os ramos da moral", é tida como exigência ética, tendo em vista "cumprir os compromissos assumidos, respeitando a lei de Deus, os direitos naturais do homem, inspirando-se sempre, em todos os atos profissionais, no bem comum e nos dispositivos de lei, tendo em mente o juramento prestado diante do testemunho de Deus" (ABAS, 1948: 40-41).

Orientada pelo neotomismo, a ética profissional opera de modo prescritivo, baseando-se em uma dicotomia entre bem e mal, que, no agir profissional, só aparentemente é abstrata, uma vez que traduz os dogmas cristãos e a moral conservadora. Assim, o assistente social deve recusar

> "Qualquer atitude que considere ilegal, injusta ou imoral [...] Aperfeiçoar sua personalidade [...] Manter situação ou atitude habitual de acordo com as leis e bons costumes da comunidade [...] Respeitar no beneficiário do Serviço Social a dignidade humana, inspirando-se na caridade cristã" (idem, ibidem).

No primeiro Código de Ética, portanto, reafirma-se o que Netto evidenciou em sua análise da evolução profissional anterior ao processo de renovação profissional. Nela, diz ele,

---

Regionais de assistentes sociais (CFAS/CRAS). Com a reformulação do Código de Ética, em 1965, e sua aprovação pelo CFAS, ele passa a ter caráter legal; sofre modificações em 1975, permanecendo com a mesma orientação filosófica e metodológica. Somente em 1986 é que se rompe com a visão tradicional, adotando-se um referencial de bases marxistas.

"o fundamento da instituição profissional era freqüentemente deslocado para suas bases ético-morais, a legitimação prática fluía da intencionalidade do agente e a validação teórica não possuía relevo ou não se registrava a simultaneidade destas duas dimensões" (Netto, 1992: 131).

CAPÍTULO 2
RUMO À CONSTRUÇÃO DE UMA NOVA MORALIDADE

2.1. Afirmação e negação da liberdade nos anos 60/70

Como analisamos, a ética tradicional expressa uma das perspectivas morais da sociedade burguesa: a moral conservadora em sua articulação com a cristã e a positivista. Correspondendo a um *ethos* rigidamente fundado na defesa da autoridade, da ordem e da tradição, o conservadorismo moral é uma forma de alienação moral: reproduz o preconceito e se opõe à liberdade. Ontologicamente considerado, é uma força social inscrita na dinâmica das possibilidades de conquista e perda relativa da liberdade, ao longo da história.

Como projeto histórico-cultural, não se restringe à profissão; sua superação, no âmbito profissional, é sempre relativa às possibilidades do momento histórico, dependendo de circunstâncias sociais favoráveis para se restringir, se ampliar, ou se reatualizar sob novas formas. A transformação do seu *ethos* depende, portanto, de um conjunto de elementos que extrapolam a profissão e nela rebatem de modo peculiar.

A ruptura com costumes e valores de ordem moral é sempre relativa a condições históricas favorecedoras de questionamentos que remetem à vida cotidiana, explicitando conflitos e contradições e possibilitando novas alternativas e escolhas. Dada a dinâmica da sociedade, tais possibilidades estão potencialmente presentes na vida social; no entanto, determinados momentos históricos são particularmente propiciadores de sua expressão. A década de 60 é um desses momentos.

Entendida sob o ponto de vista de questionamentos aos valores e costumes tradicionais, a década de 60 é considerada uma época "revolucionária", especialmente por sua potencialidades de ruptura ideológica com instituições, papéis sociais e princípios historicamente vinculados à moralização dos costumes: a família, o papel "feminino", a tradição. No conjunto de reivindicações que assinalam a efervescente participação cívica e mobilização política desse período,[1] ressaltam-se os movimentos desencadeados pelas mulheres, em que gesta-se um novo *ethos* ampliador da consciência de gênero.

Com efeito, a partir dos anos 60, alargam-se as bases sociais de emancipação da mulher: sua inserção no trabalho, na educação superior, na vida pública e na defesa de direitos sociais e políticos.[2] Configura-se uma determinada intervenção ético-moral, dada pela recusa dos papéis

---

1. O que se evidencia nas contestações políticas mais significativas desse período: a marcha sobre Washington, liderada por Martin Luther King, líder dos movimentos negros nos EUA, em defesa da igualdade de direitos para todos, o que conduz à aprovação da lei contra discriminação, em 1964; as manifestações pacifistas contra a guerra do Vietnã, nos EUA, em 1967, que fragilizam a imagem intervencionista norte-americana; a revolta estudantil, em maio de 1968, que desencadeia uma greve geral de 8 milhões de trabalhadores, na França, repercutindo em uma série de rebeliões estudantis em várias partes do mundo; o assassinato de Martin Luther King, no mesmo ano, o que deflagra explosões de violência por todo os EUA (Alves, 1993).

2. "As mulheres também entraram, e em número impressionantemente crescente, na educação superior, que era a mais óbvia porta de acesso às profissões liberais. Imediatamente após a Segunda Guerra Mundial, elas constituíam entre 15% e 20% de todos os estudantes na maioria dos países desenvolvidos, com exceção da Finlândia — um farol de emancipação feminina — onde já somavam 43%" (Hobsbawm, 1995: 305).

tradicionalmente definidos como "femininos", o que implica a desvalorização da subalternidade e passividade imprimidas ao papel da mulher na sociedade.[3] Criam-se novas alternativas e possibilidades de escolha, instaurando uma consciência cívica valorizadora da participação e da liberdade.

Hobsbawm salienta um aspecto importante para a nossa reflexão: a relação entre a consciência de gênero e a oposição às instituições tradicionalmente veiculadoras do conservadorismo moral:

"O primeiro e talvez mais importante exemplo dessa nova consciência de gênero foi a revolta das mulheres tradicionalmente fiéis nos países católicos romanos contra doutrinas impopulares da Igreja, como foi mostrado notadamente nos referendos italianos em favor do divórcio (1974) e de leis de aborto mais liberais..." (Hobsbawm, 1995: 306).

Ao lado das mulheres, a juventude tem um protagonismo mundial, marcado pelos eventos de maio de 1968 na França e pelos seus questionamentos das formas convencionais de sociabilidade. Os "anos rebeldes" expressam uma recusa radical em face das normas, valores e formas de ser mais caras ao conservadorismo moral: o poder, a autoridade, o dogma, a hierarquia, a ordem, a tradição.[4] Neste sentido, apontam para posicionamentos de valor fortalecedores de uma atitude ética crítica; a desobediência civil, a transgressão das normas, entre outros aspectos,

---

3. "O que mudou na revolução social não foi apenas a natureza das atividades da mulher na sociedade, mas também os papéis desempenhados por elas ou as expectativas convencionais do que devem ser esses papéis, e em particular as suposições sobre os papéis públicos das mulheres, e sua proeminência pública [...] são inegáveis os sinais de mudanças significativas, e até mesmo revolucionárias, nas expectativas das mulheres sobre elas mesmas, e nas expectativas do mundo sobre o lugar delas na sociedade" (Hobsbawm, 1995: 309).

4. O que se evidencia, entre outros aspectos, nos movimentos dos hippies, da contracultura, dos beatniks, na desintegração da família monogâmica patriarcal, no aumento significativo de divórcios, de mães solteiras, de abortos, de uso de drogas, de opções sexuais.

podem gerar uma superação do espontaneísmo característico da reprodução cotidiana do preconceito e do moralismo, contribuindo para o enfrentamento de conflitos e para a instituição de novos papéis e referenciais éticos. A geração 68, principalmente a juventude e as mulheres, rompe com padrões morais de várias gerações, donde a radicalidade de suas manifestações, evidenciadas, por exemplo, em novas formas de fazer política, estranhas à tradição revolucionária.[5] Embora sua defesa radical da emoção, do desejo, do corpo, do prazer e da individualidade e sua recusa das normas e do poder tenham muitas vezes se traduzido na idealização de uma liberdade absoluta, permitindo a reprodução de projetos individualistas e românticos, trazem, ao mesmo tempo, o questionamento em face da fragmentação peculiar à sociedade burguesa, à separação entre as esferas e dimensões da vida social; por isso desencadeiam, também, uma crítica à alienação.[6]

A década de 60, pelas características apontadas, é também um momento de explicitação de conflitos éticos, que ocorrem em situações de questionamento de valores morais, no âmbito da vida cotidiana. Por gerar uma atitude crítica são potencializadores de uma ação prática superadora; logo, são possibilitadores de um enfrentamento crítico das contradições sociais, permitindo a superação dos juízos provisórios típicos do moralismo e contribuindo para a articulação entre a moral e as demais esferas da vida social, entre a singularidade e o humano-genérico. Assim, podem tanto imprimir uma nova dinâmica à cotidianidade voltada exclusivamente ao "eu", como gerar posicionamentos de valor superadores do preconceito; podem remeter à

---

5. Sobretudo pela forma irreverente de se manifestar politicamente, pela escolha da provocação como forma de educação política, pela vinculação entre política e emoção, o que é identificado, por muitos autores, como expressões do anarquismo. Por exemplo, as "palavras de ordem" são substituídas por *slogans* tais como: "É proibido proibir", "Faça amor, não faça a guerra", "Seja realista, peça o impossível".

6. No âmbito da tradição marxista, o principal representante da crítica à alienação, vinculada aos eventos de maio de 1968, na França, é Marcuse.

práxis cívica e política, ao engajamento em projetos coletivos voltados à conquista da liberdade.

O rebatimento dessas potencialidades ético-morais no Serviço Social não se faz visível, nas décadas de 60 e 70, em termos de um questionamento coletivo à moral tradicional; o eixo condutor da construção de uma nova moralidade não se objetiva explicitamente pela oposição aos padrões culturais e morais repressivos que perpassam pela vida cotidiana, mas por uma intenção de ruptura político-ideológica com a ordem burguesa.

Não podemos afirmar que os agentes profissionais, individualmente, não tenham sido influenciados pelo *ethos* peculiar à geração 68; o que estamos salientando é que a oposição ao moralismo, à família tradicional, à repressão sexual, aos costumes em geral, típica dessa geração, não aparece na literatura profissional ou em debates coletivos da época. Na medida em que essas questões estão relacionadas ao *ethos* tradicional do Serviço Social, entendemos que esse é um ponto a ser considerado, sobretudo porque a militância política não envolve necessariamente uma crítica à vida cotidiana; ao contrário, o que observamos em suas formas tradicionais é uma desconsideração de tais questões, tidas como "secundárias", o que pode gerar novas formas de moralismo.

Consideramos que a construção de uma nova moralidade, nos anos 60, vincula-se a duas dimensões da vida profissional: a dimensão da vida cotidiana, espaço da singularidade e do enfrentamento de conflitos éticos e de questionamentos em face do papel "feminino", do preconceito e do moralismo, o que põe condições para uma reflexão crítica, capaz de mediatizar os questionamentos empíricos; e a dimensão das intervenções práticas — a participação cívica e política —, capaz de vincular a profissão a projetos sociais democráticos, permitindo a ampliação de uma consciência ético-política e a construção de uma moralidade fundada na liberdade.

A década de 60 é um momento em que a liberdade emerge como projeto, ora em função de projetos políticos coletivos, ora em termos de uma liberdade individual que tanto propicia um processo de individualização como permite uma reatualização do individualismo. Ao mesmo tempo, as contestações e mobilizações desse contexto fortalecem a participação cívica e a cidadania, o que adquire, em determinados contextos, direcionamentos anticapitalistas e revolucionários. Nesse sentido, a liberdade é parte de uma teleologia orientada para a superação dos seus limites objetivos; esse veio político libertário é particularmente importante para a análise do processo de construção de uma nova moralidade profissional.

Nos anos 60/70, o Terceiro Mundo se destaca como um espaço potencialmente gerador de manifestações político-revolucionárias. Na América Latina são determinadas, por um lado, pela crise mundial do padrão de acumulação capitalista que vinha se operando desde a Segunda Guerra Mundial e se explicita claramente nos anos 60; por outro, pela política econômica desenvolvimentista, que a partir da década de 50 amplia as bases de implementação do capitalismo monopolista, agravando as contradições e desigualdades sociais e acirrando as lutas sociais.

A América Latina tem uma trajetória marcada por lutas populares de libertação nacional e de resistência em face do imperialismo, o que se renova com a Revolução Cubana e prossegue pela década de 70, através da experiência socialista no Chile, das tentativas guerrilheiras em vários pontos do continente, e da Revolução Sandinista, em 1979.

Como mostra Hobsbawm, nos anos 60, a América Latina forma, com outros países do Terceiro Mundo, "uma zona mundial de revolução — recém-realizada, iminente ou possível" (Hobsbawm, 1995: 421). Este cenário também se vincula às expectativas mundiais em face das potencialidades dos jovens. Como diz ele, "nos países ditatoriais, em geral, eles forneciam os únicos grupos de cidadãos capazes de uma ação política coletiva" (1995: 293).

As estratégias políticas para o seu enfrentamento vinculam-se à política intervencionista norte-americana do pós-guerra, que viabiliza consecutivos golpes militares e a repressão aos movimentos populares. Assim, a América Latina é também um dos alvos prioritários da política imperialista norte-americana, que articula sua intervenção socioeconômica a estratégias de controle ídeo-cultural, tendo em vista sua legitimação como país capitalista desenvolvido e a deslegitimação do comunismo e do ideário socialista. No conjunto de acordos efetuados entre os EUA e os governos latino-americanos, a partir de 1945, as necessidades econômicas de expansão do capitalismo monopolista são articuladas a acordos políticos voltados à garantia da segurança nacional.[7] É neste cenário que se colocam as lutas revolucionárias e as estratégias contra-insurrecionais. As primeiras são marcadas pela Revolução Cubana, conforme aponta Silva:

"A partir dos anos sessenta, o marxismo na América Latina iniciou um novo período revolucionário com a ruptura de setores da juventude com certos partidos populares (como no Peru e Venezuela) ou com partidos comunistas tradicionais, e a aceitação da luta insurrecional" (1991: 24).

As segundas articulam-se à intervenção norte-americana — nas palavras de Ianni, na doutrina da "contra-insurreição":

"O que se verifica nas décadas posteriores à Segunda Guerra Mundial é um novo tipo de militarização do poder político, em nome da segurança hemisférica, da contra-insurrei-

---

7. Como mostra Ianni: "desde as mudanças ocorridas no mundo capitalista com a Segunda Guerra Mundial e o fortalecimento do predomínio dos Estados Unidos nesse mundo, cresceu bastante a influência do imperialismo norte-americano em setores da cultura latino-americana [...] junto com a livre iniciativa, livre empresa, mercado e lucro, o imperialismo desenvolve as doutrinas de cooperação, interdependência, boa vizinhança, aliança para o progresso, segurança hemisférica, segurança nacional, contra-insurreição, contra-revolução" (1985: 121).

ção e da interdependência. Para esses governantes, o inimigo comum é o comunismo internacional ou as suas manifestações na subversão interna" (Ianni, 1974:16).[8]

Tal cenário também é potencializador do movimento cristão que, gerado a partir dos anos 50, em face de mudanças internas da Igreja Católica, se desdobra em amplas mobilizações de apoio às lutas populares. O "movimento cristão de libertação" rebate na América Latina em função de dois vetores:

"A industrialização que, sob o impulso das multinacionais a partir de 1950, agrava as contradições sociais e estimula o êxodo rural, concentrando nas zonas urbanas um imenso proletariado; a Revolução Cubana, que intensifica as lutas sociais, e a crise de legitimidade política propiciadora de sucessivos golpes militares" (Löwy, 1991: 33-34).

Tal movimento, segundo Löwy,

"É incorporado por leigos, em especial, membros ativos da juventude estudantil católica e das classes trabalhadoras, rurais e urbanas, como a Juventude Universitária Católica (JUC),a Juventude Operária Católica, a Ação Católica, os movimentos de Educação de Base (Brasil) ou de Promoção Agrária (Nicarágua), as Federações dos Camponeses Cristãos (El Salvador) e, sobretudo, as comunidades de base" (1991: 35).

A aproximação entre a juventude e a Igreja propicia a emergência de um *ethos* militante caracterizado pela recusa ética da ordem social burguesa, entendida como um sistema social injusto. É nesta perspectiva que se evidenciam as tentativas de vinculação entre o pensamento cristão e o marxismo. Com a *Teologia da Libertação e a Conferência*

---

8. "A guerra do Vietnã agravara a paranóia anticomunista da diplomacia secreta norte-americana, levando os Estados Unidos a apoiar ditaduras militares de direita onde quer que detectassem uma mínima possibilidade de participação das esquerdas no país" (Alves, 1993: 15).

dos Bispos Latino-Americanos, na década de 70, o marxismo passa a ser utilizado, à luz da ética cristã, como referência analítica da realidade latino-americana, tendo em vista a superação da pobreza e das desigualdades sociais. A histórica vinculação entre o Serviço Social e a Igreja Católica passa, assim, a contar com novas bases de legitimação, o que abre um campo de possibilidades em relação à construção de uma crítica ao *ethos* tradicional. Tal potencialidade é dada pelo conjunto de expressões do *ethos* de ruptura latino-americano, em que ressaltam o *ethos* revolucionário, influenciado pela Revolução Cubana e pelos movimentos políticos vinculados ao socialismo e ao marxismo, e o *ethos* militante, inscrito nas organizações da juventude cristã e nas contestações peculiares aos anos 60.

O Serviço Social, em nível mundial, evidencia um processo de erosão das bases de sustentação de suas formas tradicionais. Segundo Netto,

> "Este é o cenário mais adequado para promover a contestação de práticas profissionais como as do Serviço Social 'tradicional'; seu pressuposto visceral, a ordem burguesa como limite da história, é questionado; seus media privilegiados, as instituições e organizações governamentais e o elenco de políticas do Welfare, vêem-se em xeque; seu universo ideal, centralizado nos valores pacatos e bucólicos da integração na 'sociedade aberta', é infirmado; sua aparente assepsia política, formalizada 'tecnicamente', é recusada. Mais decisivo ainda: a sua eficácia enquanto intervenção institucional é negada, a partir dos próprios resultados que produz" (1991: 143).

Tais condições são expressas no Serviço Social latino-americano, pelo movimento de reconceituação, processo heterogêneo, em que emerge um questionamento crítico que incide sobre a teoria e a prática tradicionais, especialmente em relação ao papel profissional. Gerando um conjunto diversificado de indagações e respostas, tal movimento permite uma primeira aproximação com um posicionamento ético-político potencialmente negador do tradicionalismo profissional: a explicitação da dimensão política da profissão e do compromisso ético-político com as lutas populares. Assim, a possibilidade de uma crítica ao *ethos* profissional expressa um processo de apreensão das contradições sociais mais amplas. Como aponta Faleiros:

> "A ruptura com o Serviço Social tradicional se inscreve na dinâmica de rompimento das amarras imperialistas, de luta pela libertação nacional e de transformações da estrutura capitalista excludente, concentradora, exploradora" (1987: 51).

No que se refere à incorporação de novas possibilidades teóricas, os anos 60/70 também são inovadores para a profissão. De um lado, pela revisão crítica que ocorre no campo das ciências sociais; de outro, pela apropriação de correntes filosóficas vinculadas ao pensamento cristão progressista e pela interlocução com a tradição marxista, posta pela reconceituação:

> "É no marco da reconceptualização que, pela primeira vez de forma aberta, a elaboração do Serviço Social vai socorrer-se da tradição marxista — o fato central é que, depois da reconceptualização, o pensamento de raiz marxiana deixou de ser estranho ao universo profissional" (Netto, 1991: 148).

No Brasil, o processo de erosão das bases do Serviço Social tradicional é sinalizado no final da década de 50, no cenário do desenvolvimentismo, quando quadros jovens da profissão, vinculados ao trabalho com comunidades, questionam a histórica subalternidade da profissão, reivindicando um novo padrão cultural e téorico, tendo em vista as mudanças sociais em curso. Essa "crise" do Serviço Social tradicional que se desdobra posteriormente já indica uma transformação na intencionalidade desses profissionais que se identificavam como "agentes de mudanças".

Contribui, para isso, o envolvimento profissional com outras profissões, o contato com movimentos sociais organizados, o processo de laicização, a crítica interna das ciências sociais e a participação estudantil. Como diz Netto, a resultante desses componentes opera no sentido de uma crítica ao Serviço Social tradicional, de uma prática dela diferenciada, conduzindo a uma corrente que "pensa o desenvolvimento de Comunidade como instrumento de um processo de transformação social substantiva, conectado à libertação social das classes e camadas subalternas" (idem: 140).

A intensa mobilização democrático-popular do início da década de sessenta favorece a militância política de setores profissionais, especialmente de jovens estudantes. Essa inserção política, aliada aos questionamentos profissionais anteriores, tendo como pano de fundo as determinações da erosão do *ethos* tradicional, abre um campo de alternativas críticas à profissão. As possibilidades de articulação entre tais condições históricas e a construção de uma nova moralidade são dadas pela adesão consciente a uma práxis política que tem diante de si uma série de possibilidades: a rebeldia contestatória da juventude, as atividades culturais e artísticas, o engajamento com as lutas populares, o *ethos* revolucionário inscrito na tradição socialista e peculiarmente configurado na Revolução Cubana, entre outras.

Entretanto, os tempos revolucionários também são anos de ditaduras, de repressão violenta aos movimentos organizados, mostrando a dinâmica relação entre afirmação e negação da liberdade. Como diz Hobsbawm, a década de setenta é um dos períodos mais negros da história:

"A era mais sombria de tortura e contraterror na história do Ocidente. Foi o período mais negro registrado na história moderna da tortura, com 'esquadrões da morte' não identificados nominalmente, bandos de seqüestro e assassinato em carros sem identificação que 'desapareciam' pessoas, mas que todos sabiam que faziam parte do exército ou da polícia; de Forças Armadas, dos serviços de informação, de segurança e da polícia de espionagem que se tornavam praticamente independentes de governos, quanto mais do controle democrático; de 'guerras sujas' indizíveis... Foi provavelmente pior na América Latina" (Hobsbawm, 1995: 433).

Estamos afirmando que as bases de sustentação de um *ethos* de ruptura profissional estão atreladas ao avanço das forças democrático-populares, donde seus limites, no Brasil, a partir de 1964. Mas como Netto bem analisa, a ditadura, contraditoriamente, estabelece uma série de determinações que possibilitam a emergência de um processo de renovação[9] ainda no seu interior:

"O ocaso da autocracia e a sua ultrapassagem revelaram que, sob ela, o Serviço Social desenvolveu potencialidades sem as quais não apresentaria as características com que veio atravessando a década de oitenta" (Netto, 1991: 127).

O projeto da modernização conservadora, implementado pelo Estado pós-64, põe novas demandas à profissão, consolidando a necessidade de sua renovação; abre-se um espaço à explicitação de diferentes projetos profissionais, deslegitimando a "imparcial" homogeneidade do Serviço Social tradicional. Dessa forma, ainda que limitado em seu potencial político, o *ethos* de ruptura desenvolve-se no interior da academia, durante a ditadura, donde o aparecimento, nos anos 70, de elaborações teóricas orientadas pelo marxismo, apontando para um debate teórico-metodológico significativo.

A primeira expressão teórica dessa vertente, a experiência de Belo Horizonte, construída entre 1972 e 1975 e conhecida como o *Método BH, é fruto deste peculiar* desenvolvimento do projeto de ruptura no interior da autocracia burguesa, como mostra Netto:

---

9. Entendemos que não é necessário reproduzir a análise das determinações do processo de renovação profissional no Brasil, na medida em que ele está suficientemente tratado na obra de Netto (1991), que serve de referencial ao nosso estudo.

"No espaço universitário tornou-se possível a interação intelectual entre assistentes sociais que podiam dedicar-se à pesquisa sem as demandas imediatas da prática profissional submetida às exigências e controles institucional-organizacionais e especialistas e investigadores de outras áreas; ali se tornaram possíveis experiências-piloto (através da extensão, com campos de estágio supervisionados diretamente por profissionais orientados pelos novos referenciais) destinados a verificar e apurar os procedimentos interventivos propostos sob a nova ótica" (1991: 251).

A ditadura também fortalece o conservadorismo. No interior das determinações que favorecem a erosão do Serviço Social tradicional, a direção fascista imprimida à ditadura militar a partir de 1968 favorece também a reatualização do *ethos* profissional conservador.

No primeiro período do processo de implementação da autocracia burguesa, ou seja, entre 1964 e 1968, a coerção articula-se à busca de um consenso capaz de dar suporte ídeo-político ao projeto de reforma do Estado, o que, entre outros aspectos, se efetua através de um apelo às bases de fundamentação do modo ser (*ethos*) conservador: a defesa da segurança nacional, tendo em vista a preservação da ordem em face do "perigo comunista".

Não é sem razão que, no âmbito da mobilização das forças sociais que apoiam o golpe de abril, emerge a "Marcha da família com Deus pela liberdade" expressando, claramente, a defesa dos valores conservadores. Como salientamos, para tal ideologia, a liberdade só se realiza com ordem e autoridade; vinculada à família e à Igreja, revela a reação conservadora às mobilizações políticas que, em suas reivindicações, desestabilizam o que é mais caro ao conservadorismo: a propriedade privada e o poder espiritual e moral das instituições religiosas e familiares.

Nesta primeira fase do processo de implantação da autocracia burguesa, os espaços propiciadores de um *ethos* de ruptura — a práxis política, a cultura e a educação — são atingidos de formas diferenciadas. Num primeiro momento, a ditadura privilegia o desmantelamento da práxis política organizada, donde a repressão aos partidos políticos, às associações representativas dos movimentos sociais, às entidades de classe.[10] No período 1964-1968, ainda que a participação política tenha sido reprimida, as contestações político-culturais de resistência à ditadura propiciam a vivência de situações-limite, fortalecedoras do questionamento de valores e ampliadoras da capacidade de escolha. Sob o ponto de vista ético, portanto, é um momento favorável a rupturas; se não rebatem diretamente na profissão, criam um clima cultural propício a posicionamentos de valor, sejam a favor ou contra a liberdade.

Em face das manifestações culturais de oposição ao regime, revela-se a dimensão moral da reação conservadora; entre 1964 e 1968, nas manifestações da direita, por exemplo, o CCC — composto, predominantemente, por jovens estudantes — e a organização paramilitar TFP investem sobre o que se considera subversivo: as expressões artísticas contestadoras da moral tradicional.

Nesta perspectiva, o clima favorecedor de rupturas coexiste com reações conservadoras; é nesse movimento entre a construção do novo e a luta pela conservação do instituído que podemos situar as condições socioculturais para a transformação ou conservação dos valores sociais inscritos na ética profissional tradicional.

Na década de 60, no contexto dos movimentos feministas, com sua contestação do papel "feminino", e da recusa aos padrões morais conservadores, por parte da "juventude rebelde", o Serviço Social brasileiro, por intermé-

---

10. "Centenas de sindicatos caíram sob intervenção, as ligas camponesas foram dispersadas e as chamas de um incêndio televisado queimaram a sede da UNE, na praia do Flamengo. Cassações de direitos políticos, iniciadas com o primeiro ato institucional, inquéritos policial-militares e processos administrativos expurgaram das forças armadas e do serviço público mais de dez mil pessoas. Não havia lugar para os milhares de presos e foi preciso encarcerar uma parte deles em navios-presídio, no Rio e em Santos. Torturas e assassinatos deram início ao terrorismo de Estado" (Gorender, 1987: 70).

dio de uma de suas entidades representativas, a ABESS, publica um documento, o "Código Moral de Serviço Social", de origem européia, cujos pressupostos remontam a um conservadorismo medieval, em oposição a todas as conquistas da sociedade moderna.[11]

Em 1975, no mesmo período em que a experiência de BH está sendo gestada, aprova-se o terceiro Código de Ética Profissional brasileiro, cujo conservadorismo é importante salientar. Como mostraremos posteriormente, até 1986, os Códigos são baseados na concepção tradicional já por nós analisada. Porém, em 1975, ocorre uma mudança; a indicação do Código anterior de que participação profissional nos órgãos públicos subordina-se aos "princípios democráticos", na perspectiva "de luta pelo estabelecimento de uma ordem social justa" (CFAS, 1965: 7), foi eliminada. Da mesma forma, foi suprimido o dever de "respeitar as posições filosóficas, políticas e religiosas daqueles a quem se destina sua atividade" (idem, ibidem), o que implica uma atitude claramente negadora do respeito à diversidade, ou seja, do pluralismo.

Em 1978, quando a Igreja progressista consolida sua perspectiva de libertação, é publicada, no Brasil, a obra de Ana Augusto de Almeida. Reatualizadora do conservadorismo, essa vertente da renovação do Serviço Social apóia-se em pressupostos do humanismo cristão tradicional, em clara oposição à *Teologia da Libertação* e ao marxismo.

Esse não é um fenômeno brasileiro; em nível mundial, nos anos 60 e 70, prevalecem Códigos de Ética Profissionais conservadores, inclusive em países onde o Serviço Social atuou significativamente na oposição, como no Chi-

---

11. *Código moral do Serviço Social.* Elaborado em 1947 pelo cônego Heylen, da Universidade de Louvain, publicado no Canadá em 1955 e na França em 1960. Em sua origem, trata-se de uma iniciativa da UCISS, com o objetivo de "organizar um compêndio de observações e conselhos [...] a UCISS queria prestar um serviço não só a todos os assistentes sociais católicos, mas também a um público mais amplo de auxiliadores sociais, fiéis a um grande ideal e inspirando-se em um certo número de regras universais" (Heylen, 1962: 5).

le. Isto comprova a presença de uma luta de valores na profissão e a hegemonia do conservadorismo, apesar da existência concreta de uma oposição. Assim, podemos considerar que as vertentes emergentes no processo de renovação do Serviço Social brasileiro rearticulam concepções ético-morais em função desse cenário mais amplo, no qual se configura o movimento entre ruptura e conservadorismo.

A análise das produções teóricas das vertentes renovadoras permite apreendê-las como projetos profissionais articulados aos projetos sócio-históricos postos na conjuntura brasileira, nas décadas de 60/70, caracterizados em função da modernização conservadora implementada pelo Estado autocrático burguês e pelos movimentos democrático-populares que, no processo de emergência e consolidação da ditadura militar, se articulam como um conjunto de forças sociais de oposição.

Como Netto analisou, os projetos profissionais que surgem neste período se inserem em configurações teórico-práticas direcionadas à modernização, à reatualização do conservadorismo e à ruptura com o tradicionalismo profissional. Embora entre 1965 e 1986, momentos da primeira reformulação do Código de Ética Profissional e da ruptura com a ética tradicional, estejam se objetivando várias expressões de negação do *ethos* tradicional, isto não se traduz nos Códigos, que permanecem pautados no tradicionalismo, embora apontem para a influência das duas vertentes emergentes nesse processo: a perspectiva modernizadora e a reatualizadora do conservadorismo tradicional.

A primeira aparece pontualmente no código de 1965 e se explicita no "Documento de Araxá", em 1967; a segunda é representada, também pontualmente, no Código de 1975 e de forma articulada na obra de Ana Augusta de Almeida.

Portanto, no Serviço Social brasileiro se reproduz uma problemática mundial: de um lado, a impermeabilidade do tradicionalismo ético profissional em face das transformações sociais; de outro, a lenta e insuficiente explicitação das bases de uma nova ética, por parte da vertente que, apoiada no referencial da tradição marxista, se caracteriza pela intenção de ruptura com o *ethos* tradicional. O produto objetivo destas determinações, no nível da literatura e dos Códigos de Ética Profissionais, se traduz na hegemonia do tradicionalismo ético até 1986, o que não impede que esteja se construindo uma nova moralidade profissional na prática.

2.2. A presença do conservadorismo

2.2.1. Os códigos de ética internacionais

Os anos 60 apontam para um conjunto de determinações facilitadoras do processo de renovação profissional. Mas como pretendemos demonstrar, o tradicionalismo ético, fundado nos pressupostos metafísicos e doutrinários do humanismo cristão tradicional, na pretensa "imparcialidade" ético-política e no conservadorismo moral, é tão enraizado na trajetória profissional que podemos considerá-lo como parte de uma cultura profissional "impermeável" às transformações sociais e profissionais.

A análise dos Códigos de Ética internacionais, vigentes na década de 70,[12] revela tal problemática: a maior expressão de "ruptura" com a ética tradicional é dada pela incorporação dos pressupostos da ética liberal burguesa, mesmo assim só configurada coerentemente no Código norte-americano. As demais aproximações com a modernização profissional aparecem pontualmente em dois Códigos, através da remissão à democracia, o que, porém, não se objetiva nos deveres e direitos profissionais.

Desde os anos 50, já está se gestando um processo de erosão das bases de legitimação do tradicionalismo profissional, o que, na década de 60, se coloca como um fenôme-

---

12. São Códigos de dezoito países incluindo a América, a Europa, a Ásia, a Africa e a Oceania. Foram publicados no estudo de Grazziozi (1977).

no internacional; como diz Netto, um fenômeno "verificável, ainda que sob formas diversas, em praticamente todos os países onde a profissão encontrara um nível significativo de inserção na estrutura sócio-ocupacional e articulara algum lastro de legitimação ideal" (Netto, 1991: 142). Embora saibamos que cada país tem uma dinâmica particular, o que rebate no processo de renovação profissional de forma específica, podemos afirmar que, de modo geral, nos anos 60. o Serviço Social tem diante de si um quadro de projeções sociais inscritas nas tendências político-ideológicas do mundo contemporâneo, um elenco diversificado de projetos que se movem em torno do liberalismo, do ideário socialista e do conservadorismo. O rebatimento dessas possibilidades na profissão permite delinear possíveis tendências postas à sua renovação; num arco de configurações heterogêneas, o Serviço Social se move entre propostas modernizadoras, reatualizadoras do conservadorismo tradicional e voltadas a rupturas, nos mais variados graus e perspectivas teórico-práticas.

Entretanto, o que a análise dos Códigos de Ética internacionais evidencia é a ausência de propostas profissionais diferenciadas; ou seja, além de não expressarem as transformações ocorridas num largo período de mais ou menos três décadas, indicam, com raras exceções, uma homogeneidade incompatível com as peculiaridades históricas de cada contexto profissional. Assim, a compreensão histórica de que os diversos países têm processos de desenvolvimento particulares — portanto, não podem ser avaliados sem um conhecimento de suas configurações específicas — torna a problemática apontada mais complexa. Isto porque a homogeneidade dos códigos não coincide com tal diversidade, o que se torna ainda mais intrigante se analisado em termos da América Latina que, nesse período, objetivamente, efetua uma crítica ao *ethos* tradicional e tem, em alguns países como o Chile, uma prática ético-política oposta ao seu Código de Ética.

Portanto, embora saibamos que os avanços teórico-práticos latino-americanos tenham sido heterogêneos e que suas possibilidades críticas foram limitadas por uma série de circunstâncias, isto não explica a homogeneidade conservadora dos seus Códigos de Ética, o que permite levantar a hipótese de que talvez as rupturas teórico-práticas profissionais não tenham considerado a sistematização ética como algo necessário e/ou talvez não tenham se orientado por referenciais teóricos esclarecedores do significado ético de tais rupturas.

Tal hipótese não engloba o conjunto de determinações envolvidas nesta problemática; sua pertinência, no entanto, é visível em face de um elemento objetivamente verificável no âmbito da América Latina e sobretudo do Brasil: a ausência de uma produção ética no período entre a origem do processo de renovação profissional, nos anos 60, e o início da década de 90. Mais do que isso, é estranho o fato que a vertente brasileira que se caracteriza por uma perspectiva de ruptura com o tradicionalismo ético, influenciando significativamente a elaboração de um Código de Ética vinculado a interesses sociais opostos aos tradicionais, em 1986, não tenha sistematizado, até os anos 90, uma nova ética.

Países europeus que viveram diretamente o contexto de maio de 1968, como a França e a Bélgica, conservam os pressupostos tradicionais da ética profissional, aliados a algumas inovações em face da não-interferência na vida pessoal dos usuários e da negação do controle e discriminação, por parte do assistente social.

Aprovado em 1950 e vigente em 1977, o Código francês apóia-se na concepção personalista, tendo como valor principal a "pessoa", tomada em sua capacidade de ser responsável e consciente de seus deveres; ao mesmo tempo, reproduz valores tradicionais, por exemplo, em sua consideração das estratégias da ética profissional, o que é buscado na relação intersubjetiva: para obter um "bom" resultado, o assistente social deve desencadear sentimentos de confiança, atuando com "discreção e delicadeza" (in Grazziozi, 1977: 202).

O Código belga, aprovado em 1968, é extremamente conservador, como podemos observar nos deveres por ele definidos:

"Melhorar o equilíbrio das estruturas sociais... Julgar conscientemente se deve denunciar as infrações que observe no desenvolvimento de sua missão... Favorecer uma melhor adaptação recíproca das pessoas, das famílias, dos grupos e do meio social no qual eles vivem, desenvolver os sentimentos de dignidade e de responsabilidade dos indivíduos apelando para a capacidade das pessoas, às relações interpessoais e aos recursos da comunidade" (idem: 196-197).

A concepção funcionalista orienta uma intervenção profissional tomada como um "tratamento" a ser executado com a "colaboração do cliente". A subalternidade profissional, típica da perspectiva acrítica em face da realidade social, se expressa na obediência incondicional às normas institucionais: o assistente social deve colaborar "lealmente" na função social da instituição empregadora (idem: 199). Em seu conservadorismo, o Código belga nega a modernização da profissão, concebendo a pesquisa como uma forma de controle:

"Ao assistente social não cabe nunca realizar uma pesquisa; ele realiza um estudo que desemboca em uma avaliação e eventualmente em um plano de tratamento; ele não pode, em conseqüência, aceitar nenhuma atividade com fins de controle" (idem: 198).

No continente africano — que, na década de 70, conheceu experiências revolucionárias inspiradas no socialismo —, o caso da África do Sul, com o sistema do *apartheid*, é emblemático: em 1977, mantinham-se dois Códigos de Ética, um para os assistentes sociais negros, outro para os brancos. Ambos orientam-se filosoficamente pelo tomismo, afirmando os postulados da ética profissional tradicional: dignidade, autodeterminação e auto-aperfeiçoamento da pessoa humana, tratados em função de um destino "eterno", predeterminado aos indivíduos sociais.

Os Códigos da Austrália, da Noruega, das Filipinas e de Cingapura baseiam-se filosoficamente no tomismo, ressaltando-se algumas diferenças nos Códigos da Noruega e das Filipinas que afirmam, ao contrário dos demais, a democracia, a justiça social e a liberdade como valores e, criticamente, consideraram a possibilidade de o assistente social não aceitar as normas da instituição empregadora. Assim, o Código norueguês afirma:

"Se os regulamentos, instruções e procedimentos estão em contradição com os princípios éticos da profissão, o trabalhador social deve colaborar para melhorar essa situação. Se não o consegue, deverá refletir se deve ou não permanecer no posto [...] Quando considere necessário fazer uma crítica contra a instituição em que trabalha ou tenha trabalhado, o trabalhador social procurará obter conselho e assessoramento da comissão diretiva de sua associação profissional" (idem: 207-208).

Para os assistentes sociais filipinos,

"os homens livres vivem livremente numa sociedade livre, na qual a pobreza não é predestinação nem castigo, mas uma condição que pode e deve ser transformada [...] Comprometemo-nos a promover a melhor realização dos homens em um clima de eqüidade social e de prosperidade econômica" (idem: 209).

Observa-se, pois, o avanço destes Códigos em relação aos demais: embora se fundamentem em pressupostos humanistas genéricos, conseguem, em alguns aspectos, analisar criticamente a realidade social, como podemos apreender nestas considerações do Código filipino:

"Em nossa cultura, a pobreza é considerada como destino fatal ou desígnio de Deus, e também como uma forma de castigo. Mas se nós trabalhamos com base numa filosofia que afirma que a pobreza é uma condição que deve ser mudada, todos os programas de bem-estar social deverão estar dirigidos à erradicação da pobreza. Essa concepção deve estar profundamente gravada em cada um dos trabalhadores sociais [...] A justiça social como base do desenvolvimento humano consiste em dar a cada um o que lhe corresponde como ser humano e social e como membro da sociedade, com o direito de viver e desfrutar dos bens da natureza, o direito de proteger os valores humanos e a dignidade, e de estar livre da pobreza e da necessidade" (idem: 211).

Os Códigos latino-americanos não expressam nenhuma das características das vertentes críticas da reconceituação. Tendo em vista que, em 1977, os assistentes sociais latino-americanos já estavam na etapa de auto-avaliação desse movimento, portanto com elementos de crítica passíveis de apreender o significado da ética tradicional, e levando em consideração o conjunto das transformações desencadeadas mundialmente nesse período — tais como o impacto da Revolução Cubana, da experiência chilena, com Salvador Allende, a intensa mobilização política, a influência dos movimentos vinculados à Teologia da Libertação —, podemos considerar que, em seus Códigos de Ética, o Serviço Social latino-americano é impermeável a elas.

Os Códigos da Costa Rica, Chile, Peru, Porto Rico, Colômbia, México, Brasil e Panamá reafirmam a "imparcialidade", a "abstenção crítica" em face dos colegas e da instituição, a valorização da família como instituição básica, a disposição em colaborar "com as autoridades governamentais", indicando, por exemplo, de modo acrítico, o dever ético de "compenetrar-se dos fins da política da instituição, conhecer e cumprir seu regulamento". Todos os Códigos se baseiam na concepção abstrata da "pessoa humana" e nos postulados tradicionais, com destacadas e evidentes declarações de conservadorismo profissional, de que Chile e Costa Rica são exemplares.

O Código chileno, aprovado em 1959, atravessou mais de quinze anos (inclusive os anos da experiência da Unidade Popular, nos quais foi notável a ação revolucionária do Serviço Social) sem qualquer crítica ao *ethos* tradicional, aos seus fundamentos filosóficos, nem a qualquer instituição e/ou programas sociais. Ao contrário, prescreve como deveres:

"Atuar, no exercício profissional, imparcialmente em matéria filosófica, religiosa e política [...] Considerar a família como sujeito prioritário da assistência [...] Manter a vida pessoal na maior integridade e honorabilidade [...] Revelar, no exercício profissional, uma atitude de cordialidade, compreensão e verdadeira disposição de servir" (in Grazziozi, 1977: 134 e 135).

A submissão ética, isenta de qualquer elemento crítico, é reafirmada em função das leis em geral; por princípio, a "infração da lei" é considerada contrária à ética profissional. Com isso, a obediência irrestrita à lei indica que não se deve propor "soluções que em conteúdo ou forma signifiquem uma transgressão ou infração das leis e de seus regulamentos (...) tal como o não cumprimento da jornada de trabalho". Assim, é dever do assistente social: "Aceitar o observar os valores e normas aceitas no país" (idem: 135). Da mesma forma, considera ser contrário à dignidade profissional o exercício de "atividades políticas ou religiosas, com fins proselitistas, dentro do Serviço Social, por afetar a imparcialidade própria da profissão" (idem: 137).

O código da Costa Rica, aprovado em 1969, reafirma a moral conservadora, em sua valorização da autoridade, da ordem e da hierarquia; é permitido ao assistente social revelar segredo profissional quando estiver em perigo "a paz e a moralidade". No trato com os superiores, "a autoridade será respeitada como um bem social que garantirá a ordem". Em face de divergências profissionais, o assistente social "procurará harmonizar tais diferenças (...) garantir o bem dos subalternos sempre que este esteja em harmonia com os fins da instituição" (idem: 128-129).

2.2.2. Os códigos brasileiros (1965-1975)

Conforme já apontamos, os Códigos brasileiros de 1965 e 1975 permanecem caudatários do tradicionalismo

profissional; como iremos mostrar, suas diferenças são
pontuais, mas têm um significado importante, no contexto
do pluralismo profissional que se apresenta a partir da década de 60.

A hegemonia do tradicionalismo ético no Brasil, nas
décadas de 60 e 70, não se restringe aos Códigos de Ética;
na escassa produção ética profissional desse período é publicado, em 1962, pela ABESS, um livro que visa fornecer
subsídios para a formação moral do assistente social: o
Código Moral de Serviço Social, de origem européia, já citado por nós.

A legitimação dessa obra, por parte da entidade nacionalmente representativa do conjunto das Escolas de
Serviço Social, num momento histórico dos mais significativos em termos das lutas democrático-populares da sociedade brasileira, é uma expressão significativa da reação conservadora aos questionamentos ético-políticos dos
anos 60.

Sua fundamentação tomista reproduz a perspectiva
humanista cristã tradicional que, já evidenciada nos vários Códigos internacionais, não iremos retomar. No entanto, cabe ressaltar sua configuração ideológica, que torna esse documento europeu a expressão do mais absoluto
exemplo da ética conservadora na profissão. Sua oposição
à liberdade e sua defesa da ordem moral, da autoridade e
da tradição são afirmados enfaticamente, tendo em vista
seus objetivos: consolidar um conjunto de atitudes, hábitos e comportamentos propiciadores da formação de *ethos*
social condizente com o papel profissional do assistente
social.

Em sua perspectiva doutrinária, o documento prevê o
que os assistentes sociais devem evitar, "especialmente, as
faltas graves contra os bons costumes... participar de atividades anti-sociais... se deixar imbuir por uma falsa e perigosa concepção de liberdade..." (Heyler, 1962: 21-24).

O assistente social deve ser:

"um modelo de polidez e cortesia por seu espírito serviçal espontâneo, seu bom humor e amabilidade, sua linguagem correta e simples, seu trajar alinhado, rejeitando todo o apuro, seus modos e atitudes distintas, livres de toda afetação... Levará uma vida metódica, tanto quanto possível sem excesso de fadiga; não se recusará, porém, a sacrificar parte de sua saúde, desde que circunstâncias especialmente graves peçam um devotamento esgotante" (idem: 27).[13]

O assistente social deve assim se posicionar:

"Defenderá sempre a noção exata da família... opor-se-á a todas as leis, regulamentos, organizações ou serviços que preconizem uma falsa noção de família, favoreçam sua instabilidade pelo divórcio, tolerem a infidelidade, imperem sobre a autoridade paterna... Será inimigo de toda prática contrária ao respeito à família e à vida conjugal: o amor livre, o concubinato, o adultério, a limitação ilícita dos nascimentos, a inseminação artificial propriamente dita, o aborto direto, mesmo os que se dizem 'terapêuticos', o divórcio, etc. Combaterá, por todos os meios legítimos, os fatores nocivos à vida de família: a licenciosidade das ruas, dos espetáculos, da má imprensa, o alcoolismo, a tuberculose e outras doenças sociais destruidoras da família, o regime dos casebres, a propaganda imoral, a desorganização do trabalho..." (idem: 30-33).

Como podemos constatar, o conservadorismo moral é claramente explicitado, apontando para uma ação profissional radicalmente contrária a qualquer tipo de transformação que possa pôr em perigo a instituição familiar nos moldes tradicionais, donde sua defesa da ordem e da autoridade e a conseqüente obediência às leis morais; como diz o referido documento:

"A vida social, provindo de diversas necessidades, precisa de uma autoridade que garanta a ordem e o progresso. O

---

13. "Não seria exagero recomendar a leitura regular de um bom manual de boas maneiras e de polidez com o fito de exercer controle sobre sua conduta" (Heylen, 1962: 27).

assistente social deve ter o senso do bem comum e das leis" (idem: 26).

O preconceito, próprio do moralismo, revela-se especialmente no trato das questões familiares, sobretudo aquelas que dizem respeito à sexualidade e à liberação da mulher. Nesse sentido, além de se posicionar claramente contra o aborto, o divórcio, o concubinato, a infidelidade, o amor livre, e na defesa da autoridade paterna, o documento prevê uma interferência profissional nesses casos — por exemplo:

"O assistente social prestará, voluntariamente, seu concurso na regularização, perante a religião ou a lei, de certas falsas situações conjugais, quando os clientes o pedem ou quando ele julgar sua intervenção útil e eficaz" (idem: 32).

A prescrição moralista também se atém à vida privada do profissional, revelando a função ideológica da ética, em sua busca de legitimação de um modo de ser passivo, subalterno e reprimido. O assistente social deve evitar:

"As paixões e desejos imoderados de riqueza, gozo, poder, a preguiça e a falta de vontade... Fora do serviço, as relações dos assistentes sociais serão selecionadas e cultivadas num nível moral digno de sua profissão. Cumpre evitar a solidão, assim como os flertes e as companhias suspeitas, o excesso de bebidas fortes, e outros tipos de diversões licenciosas, mas também a falta de interesse pela atualização e progresso na própria formação. Os assistentes sociais solteiros não receberão em seu domicílio privado a visita particular de agentes casados não acompanhados de seus cônjuges, e, *a fortiori*, de agentes solteiros; igualmente não aceitarão nenhum convite que lhes façam em circunstâncias análogas" (idem: 124).

Tais prescrições, evidenciadoras de um comportamento moral adequado à vida religiosa, apontam para sua pertinência, em 1947, como fruto do pensamento católico tradicional. Porém, sua reprodução, na década de 60, parece não ter sentido; quem, nesse momento, legitimaria as normas acima descritas? Tal justificativa pode ser encontrada se o documento for analisado não como uma defasagem em face das transformações sociais, mas como uma reação conservadora às reivindicações e contestações dos anos 60. Visto desta forma, o documento expressa a tentativa de reatualização mais radical do conservadorismo, num contexto também radicalizador de questionamentos à moral conservadora.

Neste sentido, o documento é claro em seu posicionamento político-ideológico, mostrando a direção social que deve ser imprimida à ação profissional: além de exercer uma função educativa moralizadora dos comportamentos, o assistente social deve aceitar passivamente a autoridade institucional, intervindo em face das transgressões à ordem social. Assim, nos deveres para com os chefes, o assistente social deve:

"Abster-se de toda crítica infrutuosa e destrutiva da autoridade em si mesma... Combaterá inteligentemente o espírito de crítica, distinguindo a crítica maldosa da sadia... No relacionamento com os agentes do governo, o assistente social mostrar-se-á, ao mesmo tempo, de uma sábia discrição e de um grande serviçalismo (...) Quando o pessoal da empresa faltar o respeito devido ao patrão, em razão de sua conduta pouco exemplar ou de sua falta de honestidade nos negócios, o assistente social esforçar-se-á por moderar esta falta de estima e reduzir a influência do mau exemplo" (Heylen, 1962: 82-123).

No entanto, como é peculiar à tendência conservadora do Serviço Social, a dimensão político-ideológica de sua proposta não é assumida como tal; em face dessas prescrições, explicitamente orientadoras de um comportamento profissional com implicações sócio-políticas claramente direcionadas, o documento afirma:

"O assistente social abster-se-á de toda ação política, feita em seu próprio nome ou no de seu empregador, no meio do seu trabalho, de modo a exercer uma pressão partidária sobre os clientes" (idem: 37-38).

Com isto, o conservadorismo se mostra aparentemente contraditório, o que consideramos como uma negação da própria ética, na medida em que sua pretensa "neutralidade" oculta um posicionamento de valor cuja natureza ética supõe assumi-lo como tal.

Os Códigos brasileiros de 1965 e 1975 reproduzem a base filosófica humanista cristã e a perspectiva despolitizante e acrítica em face das relações sociais que dão suporte à prática profissional. No entanto, uma comparação entre eles aponta para alguns pontos que evidenciam a adesão profissional a determinadas demandas emergentes.

Constata-se uma diferenciação no que se refere à explicitação do pluralismo presente na renovação profissional: em 1948, a profissão é tratada como algo homogêneo; em 1965 anuncia-se a existência de diferentes concepções e "credos" profissionais; em 1975, tal referência é excluída do Código de Ética, o que expressa a reatualização do projeto profissional conservador, no contexto pós-1968.

Além disso, observa-se um dado relevante no que diz respeito à intenção ética implícita nos dois (1965 e 1975) Códigos: embora seus fundamentos abstratos, sua moral acrítica e pretensamente "neutra" conduzam à reprodução dos costumes tradicionais e à manutenção da ordem social dominante, o Código de 1965 revela, ainda que no âmbito de um ecletismo ético, uma direção ética liberal que o diferencia da formulação de 1975.

Embora conserve a base filosófica tomista, o Código de 1965 busca, em alguns momentos, imprimir uma direção ética que não está presente em 1948 nem tampouco em 1975. Em sua introdução, a ética profissional é relacionada às demandas decorrentes do "mundo moderno", onde a profissão adquire "amplitude técnica e científica"(CFAS, 1965: 5). O Serviço Social já não é mais tratado como uma atividade humanista, mas como "profissão liberal" ... "de natureza técnico-científica" (idem: 6).

Os deveres profissionais já não se apresentam como decorrência de um compromisso religioso, mas de uma obrigação formal dada pela legislação à qual a profissão é submetida. Ao explicitar sua concepção de autodeterminação, justiça e bem comum, estabelece os limites para a colaboração com os poderes públicos, chamando a atenção para a cidadania profissional, apontando seus deveres cívicos e o respeito ao pluralismo profissional e social. O pluralismo profissional é assim afirmado: "Um Código de Ética se destina a profissionais de diferentes credos e princípios filosóficos, devendo ser aplicável a todos" (idem: 5); portanto, o profissional deve: "Respeitar as posições filosóficas, políticas e religiosas daqueles a quem se destina sua atividade, prestando-lhes os serviços que lhe são devidos, tendo-se em vista o princípio de autodeterminação" (idem: 7).

Embora o Código de 1965 não considere criticamente as contradições sociais, o que o conduz a prescrever a "colaboração pessoal e técnica" para o "desenvolvimento solidário e harmônico do país", ele aponta para alguns elementos novos em face do tradicionalismo ético: a colaboração com "os poderes públicos na preservação do bem comum e dos direitos individuais" tem como parâmetro situar-se "dentro dos princípios democráticos, lutando inclusive para o estabelecimento de uma ordem social justa"; a inserção junto a programas nacionais e internacionais que se destinam a atender às "reais necessidades de melhoria das condições de vida" colocam-se como "deveres cívicos" (idem: 7).

Ao apontar, embora de modo desconectado do conjunto, a democracia, a justiça social e a vida cívica, o Código de 1965 se diferencia dos demais; porém, isto não ultrapassa uma perspectiva liberal e não contempla o Código em sua totalidade, uma vez que é ainda o neotomismo que fundamenta os deveres profissionais, tomados genericamente: "respeitar a dignidade da pessoa humana [...] contribuir para o bem comum [...] zelar pela família, grupo natural para o desenvolvimento da pessoa humana e base essencial da sociedade" (CFAS, 1965: 6-7).

Ao mesmo tempo, o perfil ético tradicional é reforçado através da orientação de valor quanto ao comportamento profissional; o assistente social deve ser: "imparcial... pontual... respeitoso, cortês" (idem: 5). A moral apresenta-se como o "alicerce" da ação profissional que deve ser mantida em todas as dimensões da vida social, como condição de preservação da "dignidade profissional". Assim, "todo assistente social, mesmo fora de sua profissão, deverá abster-se de qualquer ação que possa desaboná-lo, procurando firmar sua conduta pessoal por elevado padrão ético, contribuindo para o bom conceito da profissão" (idem: 13).

Devido às características apontadas, o Código de 1965 não rompe com a visão tradicional; a coexistência entre os supostos tomistas e liberais aponta para sua inserção no âmbito de uma das tendências do processo de renovação brasileiro: a perspectiva de modernização conservadora que se apresenta dois anos mais tarde no Documento de Araxá (CBCISS, 1967). Tratado como marco da reconceituação brasileira, Araxá propõe mudanças técnicas e teóricas que possibilitem à profissão adequar-se às novas demandas da autocracia burguesa, permanecendo com a mesma base filosófica que orienta os códigos de 1948 e 1965.

Com isso, revela seu projeto "reformista" nos marcos da ordem burguesa, expressando uma das tendências históricas do Serviço Social: a incorporação de novas perspectivas teórico-metodológicas sem o questionamento da base filosófica fundante de uma ética humanista e abstrata.[14]

Aparentemente, o Código de 1975 é uma continuidade dos anteriores; porém, uma análise mais cuidadosa apon-

---

14. A vertente modernizadora "se reporta aos seus valores e concepções mais 'tradicionais', não para superá-los ou negá-los, mas para inseri-los numa moldura teórica e metodológica menos débil, subordinando-os aos seus viéses 'modernos' — donde, por outro lado, o lastro eclético de que é portadora" (Netto, 1991: 155).

ta para uma alteração significativa frente ao anterior. Isto não decorre da substituição do neotomismo pelo personalismo, uma vez que o último é utilizado para reafirmar os princípios do humanismo cristão tradicional, ou seja, a visão que permite "ver a pessoa humana como centro, objeto e fim da vida social" (CFAS, 1975: 7). Neste sentido, o Código de 1975 reproduz os mesmos postulados tradicionais abstratos: o bem comum, a autodeterminação, subsidiariedade e participação da pessoa humana, a justiça social. A alteração tampouco decorre da citação de novas categorias tais como a "dialética homem — sociedade", usadas abstratamente, mas da exclusão de duas referências presentes no código de 1965: a democracia e o pluralismo.

A indicação anterior de que a participação profissional nos órgãos públicos subordina-se aos "princípios democráticos", na perspectiva "de luta pelo estabelecimento de uma ordem social justa" (idem, 1965: 7), foi eliminada do Código de 1975. Da mesma forma, foi suprimido o dever de "respeitar as posições filosóficas, políticas e religiosas daqueles a quem se destina sua atividade" (idem, ibidem), o que implica uma atitude claramente negadora do respeito à diversidade, ou seja, do pluralismo.

Ao mesmo tempo, em 1975 se reafirma a posição acrítica em face da "ação disciplinadora do Estado... que em nome do bem comum tem o direito de dispor sobre as atividades profissionais" (idem, 1975: 6). Como tal, o assistente social deve:

"Obedecer aos preceitos da Lei e da Ética... Respeitar a política administrativa da instituição empregadora... Zelar pela família... encorajando medidas que favoreçam sua estabilidade e integridade... Participar de programas nacionais e internacionais destinados à elevação das condições de vida e correção dos desníveis sociais... Agir, quando perito, com isenção de ânimo e imparcialidade" (idem, 1975: 14).

Podemos constatar que, em 1975, o Código de Ética não só reafirma o conservadorismo tradicional, mas o faz na direção de uma adequação às demandas da ditadura, consolidada a partir de 1968. Como produto histórico, já não expressa a tendência modernizadora evidenciada tanto no Código anterior (1965) como em Araxá e Teresópolis, o que se confirma na consideração de Netto. Segundo ele, a perspectiva modernizadora perde sua hegemonia, no plano ideal, a partir de meados dos anos 70, quando emergem duas tendências que com ela se antagonizam: a vertente de reatualização do conservadorismo e a de intenção de ruptura.

Neste sentido, podemos considerar que o código de 1975 já aponta para a tendência tratada por Netto como a reatualização do conservadorismo: a vertente fenomenológica inaugurada por Ana Augusta de Almeida, em 1977.

2.2.3. A face ética do novo conservadorismo

Tendo em vista nossa análise sobre a vigência do tradicionalismo, nos Códigos e na produção ética do Serviço Social até 1986, e nossa consideração da vertente fenomenológica como uma reatualização do conservadorismo, entendemos ser importante introduzir, em linhas gerais, sua perspectiva ética, na medida em que ela evidencia a permanência do tradicionalismo, ainda que sob novas formas.

O desvelamento da dimensão ética da proposta fenomenológica apresentada por Almeida implica o tratamento de um aspecto que rebate em outras configurações da ética profissional: a recorrência ao personalismo de Mounier. Como já salientamos, na origem do processo dos movimentos católicos que marcam a participação política de profissionais e estudantes de Serviço Social, possibilitando a construção de uma crítica do *ethos* tradicional, encontramos a influência de Mounier, de Paulo Freire e de intelectuais europeus vinculados ao chamado socialismo cristão, tentativa de aproximação entre o marxismo, o ideário socialista e o pensamento cristão.

Na medida em que Mounier é utilizado por propostas político-ideológicas distintas, cabe ressaltar que seu pensamento não se inscreve em uma perspectiva conservadora; sua utilização como tal depende de um conjunto de adequações que lhe conferem outros direcionamentos sociais.

A possibilidade de utilização do personalismo por tendências ideologicamente opostas é dada, entre outros aspectos, por seu ecletismo teórico, que busca integrar perspectivas diferenciadas, em muitos aspectos excludentes; como afirma Severino, ele é "debitário de uma perspectiva fenomenológica-existencial, influenciado pelo neotomismo, pelo cristianismo, pelo marxismo e pelo existencialismo" (Severino, 1992: 197).

Segundo Mounier, o personalismo não se propõe a fundar um sistema filosófico, mas uma atitude, um posicionamento de valor em face da realidade social. Em suas palavras:

"Chamamos personalista a qualquer doutrina, a qualquer civilização que afirme o primado da pessoa humana sobre as necessidades materiais e sobre os aparelhos coletivos que sustentam o seu desenvolvimento. Para nós, o personalismo é apenas uma palavra-senha significativa, uma designação coletiva para doutrinas diversas" (Mounier, apud Lacroix, 1977: 42).

Tendo como categoria central a pessoa humana, o personalismo de Mounier parte de uma crítica à civilização contemporânea, apontando para a problemática que, segundo ele, deve ser superada: a despersonalização do homem. Com isso, ele ressalta a importância da ação prática transformadora de valores: "Que exigimos da ação? Que modifique a realidade exterior, que nos forme, que nos aproxime dos homens, que enriqueça nosso universo de valores" (Mounier, in Severino, 1992: 197).

Dada a sua perspectiva espiritual, tal ação não tem como finalidade a construção de uma obra exterior e sim, a formação do agente, a sua capacidade, as suas virtudes, a sua unidade pessoal (idem: 198). Desta forma, se evidencia a finalidade do personalismo: como movimento de idéias ele se propõe à humanização da existência, ou seja, a uma ação ética valorizadora da pessoa humana. Segundo Mounier: "Esta zona da ação ética tem seu fim e sua medida na autenticidade, ponto fortemente acentuado pelos pensadores existencialistas... (idem: 197). A "aspiração a um reino de valores que abranja e desenvolva toda a atividade humana" coloca-se, pois, como finalidade da existência: "o seu fim é a perfeição e universalidade, mas mediante uma obra finita e uma ação singular" (idem: 199).

Com isto, Mounier resgata os princípios fundantes do humanismo cristão: a perfectibilidade como fim último da existência, o sacrifício, a vocação e a conversão. Diz ele:

> "O conhecimento do bem e do mal não basta para o dissipar... é preciso uma conversão... Só o sofrimento pode amadurecer o cogito moral. É através das próprias feridas que a fraqueza abriu que a alma habituada — ao mal ou ao bem — se liberta do círculo mágico que a prendia" (Mounier, 1964: 141).

Ao mesmo tempo, a luta contra a despersonalização, proposta por Mounier, é desenvolvida em função de sua vinculação com o existencialismo cristão, caudatário da fenomenologia; por um lado, ele retoma as categorias da intersubjetividade e do diálogo; por outro, enfatiza os principais valores do existencialismo: o compromisso, a responsabilidade e a autenticidade. Objetivando o resgate ético dos valores humanistas, e se utilizando do referencial fenomenológico, Mounier enfatiza o diálogo como categoria ontológica da "pessoa", valor fundante do personalismo:

> "O diálogo interpessoal adquire tal importância na perspectiva personalista, que se conclui que para Mounier a pessoa

só tem significado pleno no encontro comunitário com o outro... O dialogar é uma relação vivencial, é uma atitude mais complexa e mais rica do que uma simples representação lógica, representação esta encarecida pelos filósofos racionalistas como instrumento válido para a elucidação do real" (Severino, 1983: 129).

Sua perspectiva metafísica permite a reprodução da abordagem abstrata do humanismo cristão, em seu tratamento da "pessoa humana" como existência espiritual; nestes termos possibilita sua incorporação por ideologias diversas. Por exemplo, se tomamos como base a definição de Lacroix: "chamamos personalistas as que defendem a eminente dignidade da pessoa humana" (Lacroix, 1977: 5), podemos considerar que o conteúdo histórico que dá concretude ao conceito de "dignidade" pode variar, pode ter direções diferentes.[15]

Outro elemento que permite a já salientada tensão interna ao personalismo é o seu ecletismo teórico. Löwy contribui para o esclarecimento desta ambigüidade, ao se referir a Charles Péguy, uma das principais influências de Mounier: "socialista convertido ao cristianismo, procurou fundir essas duas crenças tradicionalmente opostas e consideradas como excludentes" (Löwy, 1995: 262). Pelas peculiaridades de seu pensamento, Péguy é considerado uma figura altamente contraditória; nas palavras de Löwy:"... não é surpreendente que tenha sido reivindicado tanto pela direita integrista quanto pela esquerda cristã (Mounier, a revista *Esprit*); tanto por Vichy, quanto pela resistência..." (idem, ibidem).

---

15. Jean Lacroix aborda a polêmica inscrita na incorporação do personalismo por diferentes perspectivas ideológicas: "quando determinado homem político francês, em 1972, se declara personalista e, portanto, anticomunista, quando determinado militar reivindica a responsabilidade da tortura para defender a pessoa humana, quando determinado regime, ainda hoje, invoca oficialmente o personalismo para prender ou matar os seus adversários, é evidente que se trata, de fato, de coberturas ideológicas e que nenhum verdadeiro debate pode existir a esse nível" (Lacroix, 1977: 5-7).

Mounier se aproxima do marxismo, no âmbito da crítica à alienação capitalista.[16] Neste sentido, ele considera que "as estruturas do capitalismo são um obstáculo que se levanta no caminho da libertação do homem e que elas podem ser destruídas em proveito de uma organização socialista de produção e consumo" (Löwy, 1989: 14). Por tais características, Mounier é tratado por Löwy como "a grande ponte entre o anti-capitalismo cristão e o anti-capitalismo marxista" (idem, ibidem).

Contudo, tal aproximação é limitada pela perspectiva metafísica do personalismo; segundo Severino, "as bases metafísicas afastam profundamente um do outro" (Severino, 1983: 117). Assim, Mounier recusa o marxismo por sua "negação espiritual". Diz ele: "Nós afirmamos contra ele [o marxismo] que não existe civilização e cultura humanas senão metafisicamente orientadas" (idem: 119). Ao mesmo tempo, Mounier recusa Marx por sua "concepção científica da realidade, tratada de modo rigoroso por uma razão objetivante" (idem: 132-133).

Deste modo, trata-se de uma oposição ontológica, ou seja, por sua perspectiva metafísica o personalismo não aceita a fundação material da existência humana; por sua herança fenomenológica, recusa a objetividade da razão teórica. Como explica Severino,

"A consciência estabelece com o mundo, com o outro e consigo mesmo, um relacionamento de vivências ricas de densidade e significação. Toda explicação posterior, seja ela científica ou filosófica, vem fundar-se nesta intuição doadora originária da existência da pessoa, geradora, portanto,

---

16. Segundo Löwy, o anticapitalismo é parte da trajetória da Igreja; porém, adquire diferentes configurações; por um lado, uma perspectiva conservadora, como diz ele "particularmente reacionária", que parte da hierarquia católica, no século XIX; por outro, uma corrente romântica, anticapitalista que não é reacionária, que denuncia as injustiças sociais, a opressão; uma vertente rejeitada pela doutrina social da Igreja, que assume uma perspectiva utópica, muitas vezes revolucionária. O grupo de Mounier é representativo desta segunda corrente (Löwy, 1988: 139).

de toda a intencionalidade implicada na compreensão do homem e do mundo" (idem: 132).

Assim, embora busque uma aproximação com o marxismo, o personalismo se opõe à razão dialética, o que, para Severino, decorre de uma exigência do objeto da reflexão personalista — a pessoa humana:

"Sendo esta simultaneamente imanente e transcendente no seu modo de ser, ela se constitui, até certo ponto, como um mistério, pouco transparente aos olhares da razão. A condição existencial da pessoa desnorteia, pois não oferece ao filósofo uma totalidade sistematizável no nível da evidência lógica, mesmo da lógica dialética [...] O homem, enquanto pessoa é, portanto, inacessível à razão, é diferente dos demais objetos da ciência positiva ou da filosofia racionalista" (idem: 129-130).[17]

Portanto, o recurso à fenomenologia viabiliza a recusa da razão dialética; a fenomenologia emerge como alternativa metodológica: "uma fenomenologia da existência, situada entre o objetivismo radical da ciência e o subjetivismo da metafísica" (idem: 131).

Com isso, Mounier mantém uma relação contraditória com o marxismo; sua aproximação reside em sua aceitação da dimensão humanista do pensamento de Marx. Segundo Severino: "No que diz respeito aos temas antropológicos fundamentais, Mounier procurou ater-se ao pensamento original de Marx, à sua concepção de homem, distinguindo-o de suas adaptações históricas na Europa" (idem: 132).

Com base nessas considerações, é possível apreender a relação entre o personalismo e a vertente fenomenológica

---

17. O que é também observado por Lacroix, que afirma: "o marxismo, ao esvaziar o indivíduo de sua interioridade e o mundo de seu mistério, compromete sua própria busca: é uma filosofia da não significação e, literalmente, do contra-senso. Somente na dialética mais completa, uma dialética da imanência e da transcendência, do tempo e da eternidade permite salvar a total historicidade do homem, dando igualmente à sua história terrestre um final, que não seja uma morte, mas uma resurreição" (Lacroix, 1972: 50).

apresentada por Almeida. Em primeiro lugar, cabe lembrar que o recurso ao personalismo não é por ela inaugurado, fazendo parte da trajetória das correntes profissionais que, em sua vinculação com o pensamento católico, buscam se renovar sem, no entanto, romper com o neotomismo e com os valores cristãos.[18]

De fato, o personalismo e o neotomismo se orientam por um conjunto de princípios de ordem espiritual e pela centralidade ontológica dada à pessoa humana; nesse aspecto, podemos afirmar que o personalismo é uma continuidade da base filosófica do neotomismo, ou seja, da filosofia tomista.

Para o Serviço Social, a passagem do neotomismo para o personalismo não rompe com a base metafísica que informa historicamente sua ética. Porém, entendidos em seus significados históricos, o neotomismo e o personalismo não são sinônimos: em suas vinculações com projetos sóciohistóricos, adquirem direções sociais em oposição. Por isso, podem se transformar em ideologia, ou seja, em idéias que servem de orientação para o enfrentamento de conflitos sociais.

Estas vertentes que influenciam o Serviço Social, o neotomismo (com Maritain) e o personalismo (com Mounier), expressam projetos de intervenção social que marcam, respectivamente, o enfrentamento da "questão social", no final do século XIX, e o questionamento de um

---

18. Como podemos observar no estudo sobre a influência de Mounier na Escola de Serviço Social da PUC-RS, em que a abordagem da pessoa é anterior à apropriação do personalismo, aparecendo nos conteúdos curriculares, desde 1945. A disciplina denominada Doutrina Econômica e Social da Igreja, por exemplo, aborda o seguinte conteúdo: "participação como pessoa... a pessoa humana; a dignidade da pessoa humana; a dignidade religiosa da pessoa; a dignidade moral da pessoa; a dignidade política da pessoa; a pessoa e o bem comum". A disciplina de sociologia, em 1948 e 1950, abordava: "pessoa humana; direitos da pessoa humana, da pessoa civil e social; pessoa humana, direitos e deveres do cidadão; pessoa humana relativamente à sociedade; bem comum; pessoa humana, direitos da pessoa humana no estatismo e no individualismo" (Pereira, 1992: 11).

grupo de intelectuais da esquerda católica, no período entre as duas guerras mundiais.[19] Portanto, embora se apóie na filosofia tomista, a base conservadora inscrita no neotomismo não é defendida por Mounier.

Dada a vinculação entre o Serviço Social e o humanismo cristão, a apropriação do personalismo permite uma renovação do discurso profissional sem um rompimento com o neotomismo, o que lhe permite conservar a defesa da "solução cristã" em face do comunismo e do liberalismo. Assim, as intencionalidades postas no neotomismo e no personalismo são ideologicamente opostas; o primeiro identifica-se com o anticapitalismo conservador; o segundo, com o anticapitalismo vinculado ao ideário socialista.

Na medida em que Mounier influencia também as correntes progressistas da Igreja e os movimentos católicos em que se insere parte dos profissionais que buscarão uma ruptura com o tradicionalismo profissional, sua utilização por Almeida expressa uma cisão dentro da profissão, no âmbito das vertentes vinculadas, respectivamente, à Igreja Católica conservadora e aos seus setores progressistas.

Porém, isto não é assumido pela corrente representada por Almeida, o que a confunde, aparentemente, com as propostas articuladas em torno da *Teologia da Libertação*. A diferença entre estas configurações do pensamento católico é que a corrente progressista posiciona-se politicamente em face da "questão social" e da alienação; deste modo, a abstrata referência à pessoa humana adquire concretude histórica através do vínculo com as classes populares, concebidas em sua condição de explorados, alienados, oprimidos.

---

19. O grupo que funda a revista *Esprit*, em 1932, é formado por Mounier, Jean Lacroix, Nicolas Berdiaev, Denis de Rouge, entre outros. A revista é porta-voz de um movimento "de jovens a reclamar um novo alento de vida sobre a civilização ocidental" (Severino, 1983: 5). O grupo se apóia em Charles Péguy e Jaques Maritain; além disso, funda um movimento engajado na ação: a *Troisième Force*, que "deveria ser o prolongamento, na ação política, da inspiração de esprit" (idem, ibidem). Segundo Severino, o movimento é criticado e ameaçado pela hierarquia católica, que o acusa de "modernismo e comunismo" (idem, ibidem).

Almeida, ao contrário, faz questão de conservar a abstração como fundamento de sua proposta; para ela, "o cliente é reconhecido pela sua condição humana e não como oprimido, alienado, desajustado" (Almeida, 1980: 119). Ao negar a presença da alienação e da opressão nos processos sociais, Almeida nega a perspectiva que diz lhe servir de base — o personalismo de Mounier; com isso, sua "nova proposta" nega o pensamento católico progressista: ela rechaça a aproximação com o marxismo e com as classes trabalhadoras.

No final da década de 70, tendo em vista a rearticulação política dos movimentos democrático-populares e o processo de renovação profissional, o recurso à base ideológica conservadora do neotomismo já não recebe a mesma legitimidade da origem da profissão, donde a necessidade de buscar novos referenciais que propiciem um novo discurso. Como observamos, isto já aparece no Código de Ética de 1975 que, sem romper com a base metafísica e com o conservadorismo, introduz a referência ao personalismo.

Neste sentido, o recurso a Mounier atende a uma nova forma de oposição ao marxismo; se, na perspectiva neotomista, a "solução cristã" colocava-se como alternativa ao comunismo e ao liberalismo, na vertente de Almeida a fenomenologia existencial se coloca como uma "terceira via" em face do marxismo e do positivismo. A fenomenologia se apresenta como um método de ajuda psicossocial fundado na valorização do diálogo e do relacionamento; com isso, reatualiza a forma mais tradicional de atuação profissional: a perspectiva psicologizante da origem da profissão. Segundo Almeida,

"A Nova Proposta é uma metodologia genérica pensada a partir da descoberta, no processo de ajuda psicossocial, de um sentido novo... O marco referencial teórico dessa metodologia é constituído por três grandes conceitos: diálogo, pessoa e transformação social" (1980: 113-132).

Tal abordagem permite que as seqüelas da "questão social" sejam desvinculadas dos processos sociais e tratadas como problemas individuais enfrentados psicologicamente. Como diz a autora, é exigência metodológica da sua proposta:

"Compreender os níveis conscientes e inconscientes com que a SEP se mostra para poder trabalhá-los a nível de consciência psicológica... analisar as relações a simultaneidade de percepções para tentar distinguir: eventos atribuídos a exigências éticas, fatos evocados como causalidade e comportamentos evidenciados por reações psíquicas..." (idem: 126-127).

As implicações ético-políticas de tal proposta são relativas à sua inserção profissional como proposta inovadora, ocultando, com isso, suas conexões com o tradicionalismo profissional, o que concretamente contém uma direção social que, no entanto, não é assumida como tal. Ao mesmo tempo, sua prática realiza um produto objetivo que contribui para o não desvelamento das contradições sociais, tendendo, por sua abordagem, à reprodução do moralismo peculiar aos julgamentos de valor fundados no irracionalismo.

As bases para tais implicações são dadas pela abstração da perspectiva em questão; ao abstrair os usuários de sua sociabilidade e das determinações históricas que dão concretude à sua existência social e ao abordar os seus problemas a partir das representações dos profissionais, permite que a intervenção seja subordinada aos juízos de valor do profissional, que julga e encaminha a solução dos problemas segundo avaliações subjetivas e abstratas. Portanto, como Netto analisou,

"A proposta de Almeida não desborda o terreno do tradicionalismo profissional. À parte os supostos do conservadorismo que dimensiona as concepções-chave que a sustentam (a concepção da constituição profissional, a visão do desenvolvimento do Serviço Social no Brasil, etc.); à parte o seu universo de valores (o apelo ao personalismo em tempo da Teologia da Libertação); à parte as suas reivindicações teórico-metodológicas (o seu problemático recurso à fenomenologia) — à parte esses componentes axiais na sua formulação, a nova proposta recupera o que há de mais consagrado no tradicionalismo profissional: a herança psicossocial, a tendência à centralização nas dinâmicas individuais" (1991: 244-245).

CAPÍTULO 3
O PROCESSO DE RUPTURA COM A ÉTICA TRADICIONAL

3.1. Do agente de mudança ao compromisso político com as classes trabalhadoras (60/70)

Afirmamos que desde os anos sessenta, no Brasil, tem início um processo de erosão das bases de legitimação do *ethos* tradicional do Serviço Social, propiciando uma renovação e um pluralismo capazes de evidenciar a dimensão político-ideológica da prática profissional, abrindo a possibilidade de emergência de uma vertente crítica.

Qual é a prática dessa tendência, caracterizada por Netto como a vertente de "intenção de ruptura"? Quais são seus valores e escolhas?

Nos anos 60/70, essa parcela minoritária de profissionais opta pela participação política e cívica; amplia sua consciência social e recusa ideologicamente a ordem burguesa. Sob a influência do movimento de reconceituação e da militância cívico-política, se aproxima do marxismo e inicia experiências práticas voltadas ao compromisso com as classes populares.

Na militância católica, faz a "opção pelos pobres", projeta-se como "agente de mudança", atuando em atividades de educação popular e formação de quadros políticos junto à população. Num primeiro momento, influenciada por Althusser, entende que deve abandonar o trabalho nas instituições, concebidas como "aparelhos ideológicos de Estado". Passa a desenvolver trabalhos na periferia dos grandes centros, nas favelas, junto aos movimentos organizados da população, criando novas formas de atuação militante.

Começa a produzir uma literatura crítica, voltada à busca de compreensão do significado da profissão; participa do debate e das entidades latino-americanas, busca elementos para uma superação crítica de seus equívocos, questiona as teorias tradicionais, denuncia a pretensa neutralidade profissional; anuncia seu compromisso com as classes trabalhadoras.

No engajamento político-partidário, resiste à ditadura, rompe com valores, faz escolhas pautadas em valores emancipatórios, acredita na liberdade, move-se pela intenção de ruptura em seus entraves.

No fim da ditadura, começa a se organizar como categoria; cria associações vinculadas às lutas gerais dos trabalhadores; organizada, ainda que em minoria, muda as normas do Congresso Brasileiro de Assistentes Sociais[1], exigindo sua democratização e seu compromisso político com os trabalhadores.

Esse quadro, sumariamente apresentado, mostra o compromisso ético-político de parcela da categoria que optou por encontrar novas bases de legitimação para o Serviço Social, num momento de repressão e hegemonia conservadora na profissão, donde sua configuração como vertente de ruptura. Nesse sentido, quando indagamos sobre a ausência de uma reflexão ética sistematizada durante esse período, ou seja, dos anos 60 até a segunda metade da década de 80, podemos nos enganar se entendermos que não

---

1. Trata-se da chamada "virada" do III CBAS, em 1979, que substitui a comissão de honra do congresso, composta por representantes oficiais do governo militar, por uma "nova comissão homenageando trabalhadores que morreram e lutaram pelas liberdades democráticas" (Silva, 1991: 13).

houve, durante esse período, a construção de uma nova moralidade profissional.

A ética, em sua dimensão teórica, não é (ou não deveria ser) uma prescrição de princípios definidos abstratamente; seu conteúdo é a prática ético-moral dos homens. Assim, a ausência de sistematização ética na profissão, ainda que tenha contribuído para muitos equívocos, não impediu que a vivência prática fosse se encarregando de criar um novo *ethos*, pautado em experiências históricas de luta social pela liberdade.

A construção de uma nova moralidade profissional, nos anos 60 e 70, está atrelada à participação política, donde sua configuração nesse período, como um *ethos* militante, em oposição ao tradicional, em suas formas antigas e reatualizadas, o que aponta para a peculiar origem da nova ética profissional: sua subordinação imediata à opção política.

Essa construção tem marcos históricos aqui definidos em torno de uma primeira etapa, que contempla as décadas de 60 e 70, e a segunda, ilustrada pelas reformulações dos Códigos de 1986 e 1993. Como nossa análise não considera apenas os Códigos, vamos tratar desses momentos em termos do processo de construção de um projeto profissional de ruptura, buscando evidenciar seu perfil ético.

A primeira etapa é fundamental porque nela estão dadas as determinações da gênese da nova moralidade profissional construída na participação política, no trabalho com os movimentos populares, na influência das vertentes críticas do movimento da reconceituação latino-americano, na aproximação com o marxismo e com os movimentos revolucionários, na militância católica progressista.

As formas de objetivação desse novo *ethos* são objeto das pesquisas de Silva (1991)[2] e de Quiroga (1991), mas

---

2. A pesquisa de Silva, que constitui sua tese de doutoramento, *Aproximação do Serviço social à tradição marxista: caminhos e descaminhos*, foi realizada com 23 profissionais que na década de 60 eram estudantes ou recém-formados. A de Quiroga foi realizada com docentes que trabalham com o marxismo.

podem também ser observadas na sistematização ética de Kisnerman (1970), a mais conhecida tentativa de elaboração de uma nova ética profissional, a partir da reconceituação. As primeiras analisam a aproximação entre o Serviço Social e o marxismo; a segunda busca definir o papel da ética no "compromisso com o povo".

Na militância, a ética emerge como elemento motivador da opção política pelas lutas populares, o que, num primeiro momento, vincula-se à educação popular influenciada por Paulo Freire. De sua configuração inicial, como "agente de mudanças"[3] referidas ao subdesenvolvimento, ao posterior "compromisso com a classe trabalhadora" o *ethos* profissional de ruptura busca sua nova identidade no engajamento político e na ação educativa voltada à libertação dos "oprimidos".

Disso decorre uma prática característica da reconceituação, em sua origem: a exigência moral de assumir um posicionamento em face da desigualdade e dos "oprimidos"; para Kisnerman, a opção ideológica é um dever moral, um "imperativo categórico"; como diz ele, apoiando-se em Paulo Freire:

> "Em face dessa sociedade, enquanto homem e profissional, o assistente social tem que optar: ou aderir à mudança que se processa no sentido da humanização verdadeira do homem, de seu 'mais ser', ou acomodar-se em favor da permanência" (Kisnerman, 1983: 46).

Em função deste imperativo moral, o assistente social é chamado a se posicionar. Diz ele: "O assistente social é antes de tudo pessoa, por isso não pode ser dispensado ou ser neutro" (idem, ibidem).

A cultura de esquerda, seja de origem socialista ou católica progressista, se reproduz em novos papéis mili-

---

3. Configuração inequívoca quando examinamos a maior parte da produção profissional vinculada ao Desenvolvimento de Comunidade; acerca desta problemática, cf. as diferentes, mas instigantes, abordagens de Ammann (1991) e Wanderley (1993).

tantes que negam o Serviço Social tradicional. É o que mostra a pesquisa de Silva:

> "Eu nunca fui ligada na assistência. Porque a própria JEC já tinha um caráter político, o próprio órgão onde a gente trabalhava, já tinha um caráter político, de modo que a minha história nunca passou pela assistência, enquanto filantropia... Não. Quando eu fui para aquele Centro de Treinamento de Líderes, eu era educadora" (Silva, 1991: 184)
> "Meu... TCC, em face do trabalho que nós vínhamos desenvolvendo junto com a população, tendo como parâmetros as propostas de uma prática libertadora, recebeu o nome de Desenvolvimento de Comunidade — Criação de uma Nova Cultura. Era como se estivesse construindo um novo conceito de comunidade, como se aquilo que se estava construindo, aquilo que era novo, que passava como algo comum com aquela população, estivesse gestando uma nova cultura, uma nova forma de ser" (idem: 216).

Através da prática educativa desenvolvida junto aos movimentos populares, o estudante ou profissional de Serviço Social desenvolve uma ação político-organizativa que retoma, em novas bases, a ação educativa desenvolvida historicamente; como diz um dos entrevistados:

> "Mesmo num trabalho de conscientização, enquanto você está organizando a população, discutindo os problemas, ela não sai muito fora do trabalho tradicional do Assistente Social" (idem: 261).

No entanto, a ação educativa muda de direção; negando a tradicional, agora educa-se para libertar; donde a influência de Paulo Freire nesse momento.

> "Eu participo da fundação e chego até coordenador — numa eleição — da Ação Popular. Nós tínhamos duas frentes de trabalho: a frente estudantil e a operária camponesa... Aí, junto com o pessoal da Igreja, também, a gente faz alfabetização pelo Método Paulo Freire" (idem: 201).

Kisnerman defende uma transformação que priorize a educação de base como plano de desenvolvimento, uma mudança em que o assistente social atue como educador popular e transforme suas atitudes, conscientizando-se da realidade e promovendo a participação para a mudança. Para ele, trata-se de desenvolver atitudes e valores diferentes e desencadear capacidades criadoras, sobretudo, saber que não basta "dar o pão ao indigente e o apoiá-lo emocionalmente, sem criar a consciência de seu potencial para ganhá-lo" (Kisnerman, 1983: 56).

Segundo Silva, a inserção política de profissionais e estudantes de Serviço Social, neste período, tem origem na JUC, na JEC, em projetos culturais como os de CPC e do MEB, em organizações políticas, tais como a AP, e nos partidos comunistas tradicionais, como o PCB.

A maior parte está vinculada aos movimentos da juventude católica, que buscam uma integração entre o ideário socialista e os valores cristãos. Segundo Löwy,

"A esquerda cristã brasileira, tal como aparece na JUC, na JEC e na AP, é a primeira forma que toma, na América Latina, a articulação entre fé cristã e política marxista... O fato de a juventude estudantil cristã ser o primeiro setor dentro da Igreja a conhecer a 'tentação marxista' não é de surpreender, posto que este era o meio social em que maior influência tinham as idéias de Marx e de seus discípulos; processos similares terão lugar mais tarde no Chile e em outros países" (Löwy, 1989: 11-12).

Nesta tendência cristã, em sua origem, a apropriação do marxismo é mediada pelo pensamento católico europeu,[4] em que se destaca Mounier. Através do personalismo, bus-

---

4. Segundo Löwy, enquanto no resto do continente a cultura católica é influenciada por linhas conservadoras, no Brasil ela é orientada pela teologia francesa, representativa da ala mais avançada da renovação católica e vinculada a correntes socialistas, tais como: Charles Péguy, o grupo *Esprit*, do qual Mounier é fundador, os cristãos revolucionários da Frente Popular 1936-38), o grupo Témoignage Chrétien, da resistência francesa, os padres operários da Missão de França e a corrente socialista do sindicato cristão CFTC (Löwy, 1989: 13).

ca-se uma aproximação com o ideário socialista, conservando-se, porém, a perspectiva filosófica do humanismo cristão; dessa junção, decorre um *ethos* valorizador do diálogo, da autenticidade, do compromisso, da comunidade, da responsabilidade, da liberdade, do amor, da solidariedade, da intersubjetividade e do engajamento ético-político.

A adesão ao marxismo, pela juventude cristã nos anos 60, assinala uma primeira etapa da trajetória do marxismo cristão latino-americano. A leitura da realidade latino-americana, pelos jovens cristãos, se utiliza parcialmente de Marx. Suas fontes principais continuam sendo o neotomismo e o pensamento de Mounier, Maritain, Lacroix, Paulo Freire, entre outros.

Na década de 70, inicia-se uma nova etapa do marxismo cristão, marcada pela *Teologia da Libertação* e pela Revolução Sandinista. A primeira sistematiza a articulação entre marxismo e cristianismo; a segunda realiza praticamente a fusão entre os princípios cristãos e o ideário socialista:

"O marxismo apareceu aos olhos dos teólogos da libertação como a única teoria capaz de oferecer ao mesmo tempo uma análise precisa e sistemática das causas da pobreza, e uma proporção precisa e radical do método para sua abolição" (Löwy, 1989: 15).

A *Teologia da Libertação* influencia a negação da concepção tradicional do Serviço Social, possibilitando a compreensão das determinações de classe, como diz Löwy, a solidariedade com o "pobre", que não é mais vista como "objeto de caridade e assistência", os "oprimidos" passam a ser concebidos como sujeitos de sua própria libertação (idem: 16).

A articulação entre o marxismo e cristianismo conduz, em muitos aspectos, a uma interpretação messiânica e utópica; o apelo ético-moral é a sua mediação. Segundo Löwy, referindo-se à *Teologia da Libertação*: "um implacável requisitório moral e social contra o capitalismo dependente, seja como sistema injusto, iníquo, seja como forma de pecado estrutural" (Löwy, 1991: 27).

Neste aspecto, a moral sandinista é exemplar, como podemos observar nos deveres postos ao novo homem:

"Não conceber a mesquinhez, a inveja, o egoísmo...[ser] apóstolo da unidade, pureza pessoal e esquecimento de si mesmo... Praticar a simplicidade, a modéstia, a humildade revolucionária... Não desanimar na luta contra suas deformações...[ser] capaz de dizer a verdade sempre... contra a vaidade pessoal e os apetites primitivos ... sem prepotência, orgulho ou má intenção...[ser] capaz de sofrer, suportar a dor e desafiar o inimigo, por mais poderoso que seja..." (Borge, 1989: 96).

Tais valores não são exclusivos do pensamento cristão; suas raízes estão nos movimentos revolucionários, em que é gerado o *ethos* socialista. Em contextos revolucionários, como os da Revolução Russa e Cubana, faz-se necessário o incentivo moral das massas, de modo a formar uma consciência ético-política em face da construção de uma nova sociedade e de um novo homem.

Assim, os grandes líderes revolucionários como Lenin, Trotsky, Mao, Fidel, Guevara, entre outros, valorizam a responsabilidade, o sacrifício, a perseverança, o heroísmo, a disciplina, a abnegação, valores necessários ao *ethos* revolucionário; logo, a educação moral é uma das principais frentes de formação política, nas palavras de Che e de Lenin:

"Para construir o comunismo, simultaneamente com a base material, é preciso construir o homem novo... Daí ser tão importante escolher corretamente o instrumento de mobilização das massas. Esse instrumento deve ser de índole moral, fundamentalmente..." (Guevara, 1989: 28).
"Seguramente quase todo mundo vê já hoje que os bolcheviques não se teriam mantido no poder, não digo dois anos e meio, mas nem sequer dois meses e meio, sem a disciplina rigorosíssima, verdadeiramente férrea, do nosso Partido, sem o apoio total e incondicional que lhe é dado por toda a

massa da classe operária, quer dizer, por tudo quanto ela possui de consciente, de honrado, de abnegado, influente e capaz de arrastar consigo ou de atrair as camadas atrasadas" (Lenin, 1990:13).

A Revolução Cubana também influencia a juventude; o humanismo socialista de Che,[5] herdado das lutas antiimperialistas dos povos latino-americanos, de sua leitura de Marx, e da influência de Lenin, apóia-se na idéia de que o socialismo implica a criação de um novo homem e de uma nova moral.

Sua ética vincula-se à concepção política leninista, mas tende a resgatar algumas características do chamado "romantismo marxista", de Mariátegui,[6] considerado um dos precursores do pensamento marxista na América Latina. Assim como Che, Mariátegui valoriza a integração entre a existência pessoal e o ideário revolucionário, o que remete à unidade entre moral e política, fundada nos valores humanistas do socialismo: a vinculação com o povo e o sentimento de amor e justiça.

Como Mariátegui, Che defende a moralidade como força motivadora da revolução, mas essa concepção deriva também da influência de Lenin, em sua valorização da ação consciente de uma vanguarda organizada.[7] A criação de

---

5. Como bem assinala Löwy, o humanismo de Che não se confunde com o humanismo abstrato, com sua crença numa natureza humana eterna e imutável, nem tampouco com um utopismo romântico. Trata-se de um humanismo concreto, baseado no papel dos homens reais, na revolução, nas palavras de Che: "A atitude dos nossos combatentes mostrava, já, o homem futuro" (Löwy, 2000: 43).

6. Löwy e Sayre concebem duas formas de romantismo na história da América Latina: e o "romantismo marxista", no qual se insere Mariátegui o "jacobino-democrático", inscrito no "romantismo revolucionário", que eles consideram estar presente em José Marti e Fidel Castro, em sua primeira fase (Löwy e Sayre, 1993: 79).

7. Trata-se da concepção fundada na "teoria bolchevique do partido de novo tipo, visto como a instância que pode conduzir a classe operária a uma eficiente prática revolucionária" (Netto, 1991:44). Esta concepção é fortemente demarcada em seu aspecto ético-ideológico, na medida em que pressupõe determinadas normas e deveres considerados necessários ao processo de legitima-

condições subjetivas é um dos fundamentos da estratégia guerrilheira, donde a importância das transformações morais através da internalização de valores tais como o sacrifício, o heroísmo, o hábito, a cooperação, a solidariedade. Mao influencia as correntes ligadas à Ação Popular, donde a valorização do igualitarismo nas estratégias de formação ético-política da militância. Visando eliminar a distância entre o trabalho manual e o intelectual, os militantes são integrados à produção e à vida cotidiana dos operários e camponeses:

"No caso da AP, o impulso do igualitarismo se reforçou com a memória da experiência cristã dos padres-operários no pós-guerra, como se deu na França e outros países. Daí que a AP tornasse a diretiva de integração na produção obrigatória para todos os seus membros de origem pequeno-burguesa" (Gorender, 1987: 114).[8]

Ao enfatizar a unidade entre ética, educação e política, o assistente social constrói uma identidade muito próxima à do militante político instituído historicamente nos processos de organização dos movimentos e partidos revolucionários, o que supõe a incorporação do *ethos* socialista. No entanto, muitas vezes, os valores são tomados de forma mecânica, dando margem a inúmeros equívocos.

Quando os valores e concepções instituídos em contextos revolucionários são transportados mecanicamente para outros contextos, perdem seu significado histórico;

ção do socialismo. O partido se coloca como guia e encarnação dos valores necessários à organização da classe operária, entre eles a racionalidade, a disciplina e a eficiência. Sua legitimação, pelas massas, é julgada como indício da consciência e honradez da classe operária. O *ethos* revolucionário construído na Revolução Russa e retomado no cap. 3.

8. "Outras organizações da época adotaram a integração na produção, a exemplo da Ala Vermelha e do Por(t). Mas a praticaram em escala muito menor, sem o caráter de generalidade. Haroldo de Lima e Aldo Arantes, historiadores da Ação Popular (AP), fazem referência ao exame de uma amostra de 120 militantes integrados à produção, 90 deles como camponeses ou assalariados agrícolas e 30 como operários" (Gorender, 1987: 115).

no espaço da ética propicia ações moralistas e deterministas. Se trazidos para o interior de uma profissão, tornam-se ainda mais problemáticos.

A concepção de militância — como dever profissional — é exemplificada por Kisnerman, "o assistente social não trabalha com o Serviço Social, mas milita no Serviço Social" (Kisnerman, 1983: 57) é um exemplo desses problemas. Abre caminho para a "desprofissionalização", típica do movimento de reconceituação, em suas vertentes críticas; na medida em que a atividade profissional se transforma em militância, ela adquire um sentido voluntário, abnegado, de sacrifício, entre outros.

É nesse sentido que o trabalho voluntário, defendido por Che, é transportado para outros contextos, perdendo seu sentido revolucionário. No cenário de construção do socialismo, o trabalho voluntário tem um sentido ético-político prático: trata-se de contribuir para a construção de uma nova sociedade, o que pressupõe o reconhecimento do trabalho como atividade social e o auto-reconhecimento dos trabalhadores como coletivo autoconsciente. Nesse sentido, a responsabilidade social dos indivíduos é pressuposto para a liberdade a ser conquistada: "trata-se, precisamente, de que o indivíduo se sinta mais pleno, com muito mais riqueza interior e com muito mais responsabilidade" (Guevara, 1989: 35).

O trabalho voluntário é incorporado historicamente na atividade militante; no entanto, quando é trazido para o campo profissional ganha outro sentido, inclusive o de substituição da atividade partidária e cívica. É o que ocorre com a tendência crítica do Serviço Social nesse momento, propiciando o conhecido "abandono" das instituições.

Tanto Silva como Quiroga afirmam que as primeiras aproximações do Serviço Social com o marxismo são dadas pela militância, evidenciando algumas determinações dessa opção téorico-política. Alguns entrevistados mostram como essas escolhas se instituiram na vida cotidiana, através do contato com as contradições sociais ou por influências familiares:

"Eu entrei para o partido comunista muito cedo... Nessa época, onde vivia era uma área onde você tinha elementos fabris. Tinha três fábricas. Eu achava meio estranho aquele negócio das fábricas. Como é que era aquele negócio: eu comia, os caras não comiam. Esse negócio me grilava. Como, felizmente, eu não tive nenhuma formação religiosa, não acreditei no outro mundo para resolver os problemas. Tinha que resolvê-los aqui" (Quiroga, 1991: 104).
"O meu contato? Eu sou filha de militante, eu fui educada dentro... eu era uma marxista sem saber que era... desde pequeninha, ia nos movimentos, congressos, tive acesso a leituras" (idem: 103).

As autoras também chamam a atenção para o fato de o marxismo ser apropriado, na maioria dos casos, sem o conhecimento das fontes, por manuais e intérpretes:[9]

"O meu primeiro contato com o marxismo foi lamentável. Foi na minha época de estudante. A rigor, eu não digo que foi contato com o marxismo, mas durante um bom tempo eu acreditei que foi. O meu contato com o marxismo foi via Politzer, Marta Harnecker e Althusser" (Quiroga, 1991: 100).
"O meu contato com o Marxismo se deu, de uma certa maneira, fora da academia. Foi na minha formação política do movimento estudantil, também um pouco travestida. Cheguei a ter contato tanto com idéias marxistas como com leituras, mas nunca de textos de Marx. Na verdade, eu li o primeiro texto de Marx foi no Mestrado" (idem).
"Vivi na minha formação todo um não ao Serviço Social tradicional, sem ter, na verdade, lido nunca Marx. Aliás, era até proibido... a gente pegar Politzer era escondido, pós-64" (idem).

As circunstâncias nas quais ocorrem as primeiras aproximações com o marxismo fragilizam a possibilidade de uma apropriação ontológica do pensamento de Marx. Para

---

9. Segundo Silva, "a influência de Althusser na América Latina se fez principalmente através da divulgação massiva da obra de Marta Harnecker" (1991: 25).

isso, contribui a forte influência de Althusser nos meios acadêmicos, o que se explica no contexto da ditadura, em que ocorre uma adequação entre o discurso científico-neopositivista e os limites dados pela censura e pelo esvaziamento político da universidade (Netto, 1991).

Como mostra Netto, o enquadramento do sistema educacional nos parâmetros do projeto modernizador do Estado burguês busca produzir um sistema educacional acrítico, valorizador da tecnocracia e da cientificidade excluída da ideologia; como diz ele, uma universidade "neutralizada, esvaziada, reprodutiva e asséptica" (idem: 66), portanto, funcional ao sistema.

Ao mesmo tempo, no período de transição democrática, no final dos anos 70, o estudo de Althusser representava uma forma de resistência,

"Era uma forma de resistência você discutir o Marxismo e a possibilidade, quase sempre num âmbito das Escolas de Serviço Social, até pelas influências teóricas que rebatiam, é uma redução do Marxismo a um epistemologismo, donde a influência de Althussser ser muito forte nesse período" (Quiroga, 1991:85).

Assim, por uma série de circunstâncias, parte da intelectualidade de esquerda, neste momento, prioriza pensadores como Althusser;[10] por sua perspectiva estruturalista e sua tendência positivista, despojada do humanismo e da ideologia, o marxismo althusseriano restringe, nesse momento, a incorporação de referenciais inscritos no processo de renovação do marxismo que, como Gramsci e Lukács, efetuam a crítica ao anti-humanismo marxista.

Nesses termos, se apresentam as implicações da autocracia burguesa em face do desenvolvimento das idéias

---

10. Conforme sinaliza Gorender: "Nos anos 70, o estruturalismo apareceu inteiramente como escolástica e floresceu nos meios universitários brasileiros, adaptado à censura ditatorial pela eliminação de qualquer elemento revolucionário" (1987: 78).

marxistas; entre outros aspectos, é gerada uma demanda em potencial para uma leitura marxista anti-humanista e um discurso de esquerda desvinculado da práxis política:

> "Abre-se o espaço para uma intelectualidade 'independente', que tanto exercitou (é certo que minimamente) uma contestação abstrata do regime autocrático burguês quanto, por isso mesmo, ofereceu a este uma possibilidade (também diminuta, é verdade) de legitimação pelo aparente pluralismo que sugeria tolerar. Propiciou-se a existência (longe de ser hegemônica, naturalmente) de um discurso teórico, formalmente de esquerda, que só pagava um preço para sobreviver: não conjugar a reflexão ('teoria', 'ciência') com a intervenção prático social daí decorrente ('ideologia', 'política')" (Netto, 1991: 66-67).

O marxismo althusseriano responde às possibilidades de sobrevivência intelectual nos marcos da ditadura; seus desdobramentos, no entanto, vão restringir o alcance do pensamento de Marx e, também, contribuir para a viabilização de aspectos da política educacional e cultural da autocracia burguesa.

A articulação entre marxismo e cristianismo, também influenciada por Althusser, apresenta uma contradição, dado o seu anti-humanismo, expresso na sua defesa de um marxismo científico, de feições neopositivistas. Isto contribui para sua recusa do humanismo marxista e de uma ética ontológica: para Altusser, a filosofia marxista é teoria do conhecimento e o marxismo uma ciência, nos moldes positivistas, ou seja, objetiva e neutra[11].

---

11. Bornheim chama a atenção para a ambigüidade de Althussser em face da filosofia; em *Pour Marx*, por um lado, ele reclama a necessidade de uma "atividade teorética"; por outro, ele afirma a importância da ideologia; reclama uma nova filosofia distinta das que o antecederam, mas sua proposta "fica reduzida a uma mera lógica dialética". Em textos posteriores, Althusser faz uma autocrítica em relação ao que ele denominava "filosofia marxista", afirmando uma nova concepção: "a filosofia é, em ultima instância, luta de classes na teoria" (Althusser, apud Bornheim, 1983: 85 e 86). Como podemos constatar, nenhuma dessas concepções se aproxima de uma apreensão ontológica.

Althusser não nega explicitamente uma ética; o que ele recusa é o caráter ontológico do pensamento marxiano e da ética, donde sua reatualização da ética marxista-positivista: uma aplicação prática de leis científicas, isentas de juízos de valor porque se orienta por juízos de fato comprovados pelo método correto de apreensão, ou seja, pela lógica de sua articulação racional. O proletariado, nesses termos, é capaz de apropriar-se da "verdade" e dos "valores autênticos", pois sua veracidade é dada por uma ciência, por uma filosofia do conhecimento e por uma prática nelas fundada.

Essa filosofia não se refere ao conjunto da obra marxiana, mas ao Capital; sua tese, que afirma ser esta a verdadeira obra científica de Marx, se apóia no "corte epistemológico" que, fragmentando o pensamento de Marx, nega suas obras juvenis. Com isso, ele nega a influência hegeliana, a teoria da alienação, a presença de valores e, conseqüentemente, a possibilidade de sistematização de uma ética fundada em Marx.

Ao mesmo tempo, sua consideração de que, na obra de Marx, a teoria da alienação pertence a uma etapa filosófica abstrata, humanista, colabora para que a alienação seja trazida para o campo da ideologia, levando à consideração de que se trata, tão-somente, de uma apreensão "incorreta" do real, podendo ser corrigida pela ciência e superada pela prática política.

A influência de Althusser nos movimentos cristãos é contraditória. Vimos que, nesses movimentos, a adesão ao marxismo se peculiariza por uma identidade ético-política humanista, buscada na relação entre a crítica cristã e a crítica marxiana à desumanização, o que tornaria contraditória a influência de Althusser, tendo em vista seu marxismo anti-humanista.

No entanto, as formas de apropriação do marxismo permitem tal contradição, uma vez que se trata de uma apropriação seletiva;[12] segundo Löwy,

---

12. A outra hipótese levantada por Löwy é a de que " face à pressão antimarxista de Roma e dos bispos conservadores, a relação meramente instru-

"Certos teólogos da libertação apresentaram sua relação com o marxismo em termos utilitários: trata-se de um instrumento científico, uma ferramenta analítica. Este tipo de abordagem freqüentemente distingue no marxismo uma filosofia (ou ideologia) que é rejeitada enquanto incompatível com a fé cristã, e uma ciência social que pode e deve ser utilizada como mediação sócio-analítica" (Löwy, 1989: 16).

Nesses termos, consideramos que o marxismo rebate de modo contraditório no pensamento cristão; por um lado, quando é compreendido como filosofia, possibilita a vinculação com o humanismo, o que não se estabelece sem tensões, tendo em vista a oposição entre os fundamentos materialistas e a metafísica cristã. Ao mesmo tempo, é possível que ele tenha sido incorporado somente como ideologia, sem a remissão aos seus fundamentos ontológicos, o que é também uma forma fragmentada de apreensão do pensamento de Marx. Por outro lado, partindo da consideração de Löwy, a ontologia de Marx seria considerada como ciência e, como tal, poderia ser adequada à base filosófica cristã, o que expressa um ecletismo teórico-metodológico também fragmentário.[13]

Pela influência que o Serviço Social recebe dos movimentos católicos progressistas, este debate é travado em termos de uma conciliação entre o humanismo cristão e o humanismo marxista, o que se, por um lado, aponta para uma compreensão do caráter humanista do pensamento marxiano, por outro se subordina aos princípios metafísicos da filosofia cristã, impedindo assim, nesse momento, que se efetue uma crítica ontológica no interior do próprio marxismo.

---

mental com a ciência social marxista (sem a 'ideologia') aparece como uma posição mais facilmente defensável" (Löwy, 1989: 16).

13. Para Löwy, "a teologia da libertação rejeita aqueles aspectos que lhe parecem incompatíveis com a religião cristã — ateísmo, o materialismo cosmológico, a crítica da alienação religiosa, etc. Seu procedimento consiste na incorporação seletiva daqueles aspectos da teoria marxista congruentes com seu combate pela renovação da teologia, com sua interpretação do evangelho, do Antigo Testamento e do magistério da Igreja" (Löwy, 1989: 17).

Mas, muitas vezes, a negação do humanismo cristão tradicional passa pela negação da ontologia marxiana. Como podemos observar num dos relatos colhidos da pesquisa de Silva, entende-se que a remissão ao humanismo não cabe no marxismo:

"Eu achava, assim, que o marxismo era um avanço em relação a tudo o que eu tinha de religioso. Era um avanço até em relação ao desenvolvimentismo, que era o máximo que você podia defender na Faculdade. Era o negócio do Homem, da História, Desenvolvimento... para não ficar defendendo Natureza Humana... Porque era a pregação fundamental, era Natureza Humana... Eu não sei, porque até hoje, uma questão que eu não tenho dúvida é sobre a inexistência da Natureza Humana. Não tenho dúvida nenhuma!..." (in Silva, 1991: 211-212).

3.1.1. As origens do utilitarismo ético marxista

No *ethos* militante do Serviço Social, nos anos 60/70, são reproduzidos muitos dos aspectos presentes na história do marxismo, a partir da II Internacional; concepções que, independentemente da vontade individual de revolucionários, como Engels, levaram a uma simplificação do pensamento que lhe deu origem. Por inúmeras determinações — dentre elas, a abrangência dada ao marxismo, a influência do positivismo e das ciências naturais, a necessidade de popularização de uma obra complexa e incompleta nesse momento, a vinculação orgânica com a política revolucionária —, o marxismo gerou uma série de equívocos teórico-políticos que rebatem fortemente nas tentativas de elaboração de uma ética marxista.

Predominantemente, a ética marxista tradicional[14] deriva a moral dos interesses de classe, reduzindo seus fun-

---

14. Estamos chamando de tradicional a concepção gerada no interior da II e III internacionais, pois ela mostra, embora diferenciada, a gênese e o desenvolvimento do marxismo que influencia mundialmentre os movimentos socialistas.

damentos à ideologia. De modo geral, não consegue apreender as bases ontológicas — da ética e da moral — na práxis e na vida cotidiana; não desvela a relação entre a ética e a alienação moral; não apreende as mediações entre os interesses de classe e as escolhas ético-morais, entre o valor ético e o econômico. Isso evidencia uma ausência da dialética na sistematização ética, o entendimento de que Marx não oferece tais fundamentos, entre outros aspectos.

Com isto, a sistematização ética perde seu caráter de reflexão ontológica, sua perspectiva de totalidade, sua radicalidade crítica, passando a se expressar como uma ciência prescritiva do comportamento moral e, dependendo das condições, num instrumento de controle ideológico.

Na origem do marxismo, observa-se a influência do positivismo, que nega a unidade entre ser e valor,[15] bem como o recurso a Kant. A variante ética do marxismo, em sua tendência neokantiana, é composta por diferentes concepções e por grupos diversos, entre os quais salienta-se o de Vorländer, Woltmann, Tugan-Baranóvski, Staudinger e o denominado austro-marxismo, articulado principalmente em torno de Max Adler e Otto Bauer, além de Rudolf Hilferding.

Das diferentes apreensões de Kant e de Marx e de posicionamentos políticos também divergentes, esses intelectuais se inserem na crítica ao determinismo econômico e consideram que o marxismo não fornece os fundamentos para uma ética; daí a necessidade de recorrer a Kant.

O debate ético, trazido por diferentes vertentes, apresenta uma face positiva, em termos da tentativa de efetuar uma crítica ao determinismo e resgatar o papel ativo da consciência na transformação social em direção ao socialismo. Isto permite que se evidenciem problemáticas de

---

15. Como mostra Fetscher: "Esta unidade de norma e realidade, de ser e valor, não podia ter razão de existir, num 'socialismo científico' que se orientava segundo o ideal das ciências (naturais) sem conotação axiológica. Em Friedrich Engels as duas noções de ciência (a de Hegel e a positiva) encontravam-se ainda num amálgama impuro, inconsciente até para o autor, mas nos epígonos, mais tarde, desapareceu totalmente a componente hegeliana" (1970: 86).

caráter ontológico, tais como a relação entre liberdade e necessidade, componente indispensável para uma apreensão dos fundamentos das dimensões ético-morais da realidade social. Ao mesmo tempo, propicia que a relação entre Marx e seus antecessores seja posta em discussão, o que se observa, por exemplo, através do resgate de Kant, Hegel, Rousseau e do socialismo utópico.

No entanto, tais iniciativas não resultam em uma apreensão ética ontológico-social e não propiciam uma compreensão histórica da relação entre Marx e a ontologia clássica.[16] Assim, a tentativa de união entre Marx e Kant impede que se efetivem esforços no sentido de uma apreensão filosófica da ética no interior do pensamento de Marx, inclusive reforçando posições por ele criticadas. Sem contar que a recorrência a Kant traz para o marxismo as antinomias kantianas sem, no entanto, superá-las, o que, segundo Arato, pode ser observado em Max Adler.[17]

Inserido no campo do chamado "revisionismo" aberto por Bernstein, o socialismo ético remete, em geral, a propostas políticas "reformistas" que se distanciam do marxismo revolucionário, para o qual a revolução política é o eixo central da ultrapassagem do capitalismo. Em tendên-

---

16. "O campo antinomicamente estruturado da relação 'marxismo e filosofia' é um espectro de alternativas, muitas das quais antinômicas internamente. Ele se estende desde uma filosofia da história (ou mesmo uma ontologia) determinista, ligada tanto ao materialismo quanto ao pensamento positivo clássico do século XVIII, e uma mais recente, mais céptica e metodológica devoção à 'ciência', ligada ao 'neopositivismo', até duas variedades de neokantismo, baseadas respectivamente no primado do prático e do teórico, e até uma posição oscilante entre o historicismo das *geisteswissenchaften* e o irracionalismo da *lebensphilosophie*" (Arato, 1984: 85).

17. "Adler vincula a teleologia a um estrito sistema de causalidade...a teleologia representava o ponto de vista do ator individual, enquanto a causalidade representava o ponto de vista da sociologia, e a tecnologia da sociedade ou a engenharia social, a unidade entre teoria e prática...só a auto-reflexão, a crítica da razão prática, ou seja, a ética kantiana, pode considerar a dimensão moral da vontade humana e da consciência individual, que resta para Adler uma existência irredutível e humana. A filosofia de Adler, assim, resta conscientemente no terreno da antinomia kantiana, ou melhor, neokantiana, entre teoria (necessidade) e prática (liberdade)" (Arato, 1984: 123-124).

cias do chamado "marxismo legal", em que se destacaram os russos Struve, Baranóvski, Bulgakof, Bardiaev e Frank.[18] Bardiaev,[19] observa-se, por exemplo, a justificação ética da sociedade capitalista, entendida como um "mal" relativo e necessário.[20]

Kautsky e Plekhanov defendem a cientificidade do marxismo, no contexto da influencia do positivismo. O primeiro admite a necessidade de um ideal ético para a social-democracia, posição explicitada em 1906 em seu texto *Ética e Concepção Materialista da História*, mas, marcado pela influência de Darwin, concebe a moral como um instinto, como uma necessidade biológica; a liberdade emerge, então, como "resultado necessário da necessidade, a teleologia e a escolha se reduzem à causalidade rígida" (Kautsky, apud Arato, 1984: 107). Plekhanov defende a tese da cientificidade do marxismo, só a prática sociopolítica pode conter juízos de valor;[21] além disso, idealiza a moral proletária, situando-a como um conjunto de atitudes que levam a uma "perfeição moral" (Plekhanov, apud Heller, 1989: 118).

---

18. Como Strada observa em relação ao marxismo legal, "o distanciamento em face do marxismo revolucionário, que atribuía à revolução política uma função de aceleração e de hegemonização da revolução social, era total. Um distanciamento que, naturalmente, verifica-se na própria concepção filosófica, com uma mudança de orientação de Hegel para Kant..." (Strada, 1986: 94).

19. "Bardiaev foi em princípio influenciado pelo marxismo, mas logo o abandonou, ainda que conservando sempre certas preocupações dele procedentes" (Mora, 1990: 314). Segundo Mora, são quatro as etapas do pensamento de Bardiaev: a caracterizada pelo predomínio dos problemas éticos, a etapa da crise mística e religiosa, a do interesse historiosófico e a personalista.

20. "O capitalismo é bom não só porque desenvolve as forças produtivas da sociedade que são a base de todo progresso, mas também porque, no seu seio, emerge um tipo superior de psicologia social... para alcançar nosso fim supremo na sociedade, o bem deve aumentar e o mal diminuir..." (Bardiaev in Strada, 1986: 95).

21. Conforme Fetstcher observa, Kautsky e Plekhanov dividem o marxismo em duas partes complementares: "a doutrina puramente científica das leis da evolução social (o materialismo histórico e a economia política), por um lado, e a 'política socialista', por outro lado, que se baseava nestes conhecimentos científicos, que se servia deles como o técnico se serve dos conhecimentos das ciências naturais" (Fetstcher, 1970: 67).

A concepção de Plekhanov, por outros caminhos, se encontra com a tendência a deduzir a ética do interesse de classe; o que se desdobra em várias perspectivas que percorrem as concepções éticas da II Internacional. Da radicalização dessa tendência, surgem concepções morais revestidas de messianismo, que podem ser observadas, por exemplo, no sindicalismo revolucionário francês, influenciado por G.Sorel, H.Lagardelle e E. Berth.[22]

A vinculação orgânica entre a teoria marxista e a práxis político-revolucionária evidencia a unidade entre ética e política, entre ética e ideologia; porém as interpretações simplificadoras dessa unidade acabam por determinar que a ética fique subordinada, mecanicamente, à ideologia de classe. Esta é a concepção dominante no marxismo tradicional, o que será redimensionado nos anos 1950, com a crise do "marxismo oficial" de Stalin.

Daí decorre sua configuração utilitarista. Sua representatividade — em face dos interesses do proletariado e da revolução — permite que ela seja valorizada positivamente, mas, ao não se apreenderem as mediações entre os interesses e os valores, eles passam a ser concebidos numa relação causal;[23] no limite, reproduz o utilitarismo burguês, tão criticado por Marx. Por isso, como diz Heller, "paradoxalmente, a 'utilidade', nunca considerada por Marx como fundamento de uma 'boa' ação, nem mesmo em seus pio-

---

22. "Para os intelectuais próximos a Sorel, é essencial sobretudo o aspecto ético do movimento; é missão do proletariado salvar o mundo da degenerescência moral que o ameaça; sem se preocuparem muito com um futuro distante, viam no proletariado o berço de um próximo renascimento moral" (Waldenberg, 1985: 250-251).

23. A vinculação entre a ética e os interesses de classe já é explicitada por Engels no *Anti-Dühring*, no contexto da II Internacional. Ao tratar a esfera da moral como dimensão da superestrutura ideológica, Engels reproduz a análise de *A Ideologia Alemã*, em que ele e Marx definem a moral como uma forma de consciência correspondente à ideologia de classe. Engels, porém, concebe uma relação causal entre valor e interesses de classe, propiciando interpretações que, fundadas na redução do valor ao interesse de classe, reafirmarão uma ética utilitarista, ou seja, que irá derivar os valores positivos de sua utilidade em face da condição de classe.

res sonhos, tornava-se, assim, a pedra angular de uma ética que buscava seu nome" (Heller, 1989: 118).

As interpretações marxistas da II Internacional constituem o ponto de partida de desdobramentos posteriores; nas condições da Revolução Russa, a ética se objetiva na práxis revolucionária e no conjunto das manifestações culturais[24] que buscam construir um novo homem, espaço também objetivador de propostas de construção de uma nova moral.[25]

Assim, no contexto revolucionário, diante da necessidade de organizar as massas para o poder, de ampliar sua consciência de classe, a unidade entre ética e ideologia se afirma na práxis revolucionária, objetivando as necessidades de conquista do poder. Nesse momento, a ética exerce sua função integradora, possibilitando uma conexão entre os indivíduos e sua dimensão humano-genérica; está em jogo a superação da alienação, da opressão, da dominação; esses homens estão transformando a história e sua teleologia emancipatória se objetiva através da práxis político-revolucionária.

Mas a práxis ético-política é uma força dinâmica que necessita da crítica teórica para se rever e superar suas contradições e limites, num processo teórico-prático contínuo. As elaborações éticas sistemáticas construídas na origem do processo de divulgação e interpretação da obra marxiana não fornecem essas bases. Se no contexto revo-

---

24. As atividades culturais desenvolvidas, neste momento, por intelectuais vinculados à projeção de uma sociedade socialista expressam o *ethos* revolucionário valorizador do conhecimento artístico, do engajamento político do artista e da abertura de canais de participação cultural às classes trabalhadoras. Em 1920 foi aberto o instituto de arte, que incluía uma "faculdade operária". Na Alemanha, Gropius cria o Instituto Bauhaus, cujo símbolo é a "catedral do socialismo". A política cultural na Hungria, tendo Lukács como substituto do ministro socialista Kunfi, inclui a criação de universidades operárias e a participação de artistas como Bartók, Bálasz, Béla Utz. Sobre as manifestações culturais deste período, ver Willet (in Hobsbawm, 1987).

25. Entre outros, cabe destacar as propostas pedagógicas de Makarenko e Pistrak, fundadas na valorização da educação moral aliada ao trabalho, e a importante contribuição de Kollontai, que sistematiza as bases da nova moral socialista, enfatizando a questão de gênero.

lucionário a práxis política equacionou a relação entre a singularidade das escolhas ético-morais e a universalidade dos valores, nas condições históricas posteriores isso já não será possível. No momento em que a liberdade — fundamento objetivo da ação ética — é reprimida, os valores éticos tornam-se abstrações que não têm uma base objetiva para se concretizar. É o que ocorre nos desdobramentos da Revolução Russa com a morte de Lenin e a autocracia stalinista. Quando o marxismo passa a se consolidar como "doutrina oficial" inquestionável, a ética, por sua submissão à ideologia de classe, passa a exercer uma função coercitiva, prestando-se à dominação. O proletariado passa a ser concebido abstratamente como representante de uma moral universal, mas seus valores não vêm de sua práxis; ao contrário, a vida passa a ser negada em todas as suas possibilidades éticas, nas escolhas, nas alternativas, na autonomia, na alteridade, na capacidade autolegisladora, na livre manifestação das necessidades e formas de satisfação.

Na III Internacional, os valores socialistas são transformados em instrumentos de coerção ético-política e a crítica necessária às atividades objetivadoras da ação ética é violentamente reprimida; com isso, a organicidade entre a teoria marxiana e a práxis é negada. Como enfatizamos, o complexo processo que culmina com a substituição da classe pelo partido e, posteriormente, do partido por um segmento burocratizado,[26] evidencia-se eticamente pela ten-

---

26. Netto observa que "a partir de 1932 Stalin já expressa a vontade política de um segmento burocrático que emergira na década anterior; estabelece-se entre Stalin e este segmento uma relação simbiótica, assegurando, através dele, o controle administrativo do partido e do Estado e formulando os seus projetos no plano político. Stalin ganhou, com esse segmento, uma ponderável autonomia em face do partido e do Estado. Evidentemente, este processo se viabilizou somente pela fragilidade do proletariado no período ulterior à conquista do poder — fragilidade que permitiu este substitucionismo: a substituição da classe pelo partido e, a seguir, deste por um segmento burocratizado" (Netto, 1982: 17).

dência a compreender o partido como a instância definidora dos "verdadeiros valores", o que se traduz pela posse do "bem", segundo a interpretação de valor de um grupo dirigente que fala em nome do partido e dos interesses da classe operária.

Ideologicamente, as idéias filosóficas são tratadas a partir da oposição entre materialismo e idealismo, entendendo-se que toda filosofia pré-marxista é idealista e burguesa, genericamente concebida como "reacionária".[27] A dialética é reduzida a determinadas leis científicas aplicáveis à sociedade; a consciência é tratada como um reflexo da base econômica, donde a concepção finalista da história e a dicotomia simplista inscrita na apreensão do conhecimento, da moral, da cultura, tratados em função da oposição entre mundo burguês e mundo proletário.[28] A crítica é substituída pelo dogmatismo; Hegel passa a ser tratado como um filósofo "reacionário",[29] o que, para Fetscher, pode ser explicado, também, pela visão positivista de Stalin:

---

27. "Convertida a herança de Marx numa justificação do presente, os estudos sobre a sua obra tornaram-se exercícios escolásticos. O emprego de citação dos 'clássicos' passou a substituir a pesquisa séria sobre as novas realidades. Toda a história da filosofia foi reduzida à luta entre o materialismo e o idealismo — identificados, grosseira e respectivamente, como o 'progresso social' e a 'reação'... durante a Segunda Guerra Mundial, para dar mais 'fundamento' à sua política antinazista, as autoridades soviéticas resolveram tratar Hegel como um filósofo reacionário!" (Netto, 1984: 66).

28. "Na medida em que a teoria se convertia em propaganda, as necessidades da propaganda se convertiam em 'questões teóricas'. O resultado é que se atribuiu à ciência um caráter de classe e de partido: criou-se o mito da 'ciência proletária'. Os danos causados por esta mitologia foram terríveis: contra a genética de Mendel, surgiu a 'genética proletária' de Lyssenco ... a partir dessas posições 'de classe', levantaram-se suspeitas políticas sobre a psicanálise, a teoria da relatividade e a cibernética" (Netto, 1984: 64).

29. "Enquanto Hegel foi difamado como reacionário e seu sistema declarado totalmente ultrapassado, a prática da era stalinista (...) aproximava-se cada vez mais da visão idealista de Hegel, interpretado de um ponto de vista conservador... a teoria distanciava-se cada vez mais do movimento prático real e fora transformada num sistema abstrato, ideológico, que teria como base uma estrutura sistemática de categoria gerais... com Stalin, o estado soviético reivindicava, no fundo, muito mais que o estado de Hegel, ser a 'divindade aparecida', o 'absoluto' terrestre" (Fetscher, 1970: 96 e 97).

"Stalin desconheceu totalmente a diferença principal entre conhecimento científico e filosófico-histórico... Para ele o método dialético marxista é um 'método científico' como qualquer outro... está numa relação tão exterior para com o seu conteúdo e para com a pessoa do cientista como os métodos das ciências naturais" (Fetscher, 1970: 94).

O marxismo vulgar da II Internacional, adensado pelo marxismo-leninismo de Stalin, reproduz concepções éticas presentes em muitos movimentos de esquerda, por exemplo, a idéia de que o partido ou o proletariado é moralmente superior, ou seja, detentor do "bem", de que a revolução é uma missão moral, a análise moral da luta de classes, através de analogias entre o *ethos* burguês e o proletário, a partir de uma dicotomia entre "bem" e "mal".[30]

Dessas concepções decorrem, por exemplo, a idéia de que a opção revolucionária, por si só, leva a uma ética libertária, evidenciando uma concepção idealista e simplificadora da dinâmica social; o entendimento de que a transformação ético-moral decorre tão-somente da crítica ideológica, o que restringe as ações ético-morais às suas representações ideais e não considera a alienação como um fenômeno objetivo. Neste caso, não se leva em conta a totalidade das interdeterminações concretas nas quais as representações são constituídas, ou seja, não se considera que a alienação não se transforma tão-somente pelas idéias e que isto não depende exclusivamente de uma vontade política.

É nessa perspectiva que podemos entender *A teoria da moral marxista*, de Shiskine, que, embora publicada em 1960, é uma expressão do marxismo da era stalinista. Entendendo que a moral nasce, espontaneamente, da condição de classe e concebendo as classes sob o ponto de vista

---

30. Por exemplo, nos *Cadernos de Educação Popular*; 03, de Harnecker e Uribe (1980), encontra-se uma ilustração que opõe moralmente a burguesia ao proletariado; a primeira é tomada como portadora de vícios; o segundo, como exemplo de virtudes.

moral, ou seja, a partir de uma relação entre bem e mal, assim se pronuncia um representante dessa corrente:

> "O operário é mais sensível e humano para com as necessidades dos trabalhadores que o burguês... As condições de existência do operário criam novos traços na sua fisionomia moral. Segundo as palavras de Engels, com o decorrer do tempo, a classe operária converte-se num povo completamente diferente da burguesia... colocam-se em evidência novos traços da fisionomia moral dos operários... desprezam os indivíduos da sua classe que situam os seus interesses pessoais, falsamente compreendidos, acima dos interesses da causa geral... na luta coletiva contra o capital, aumentam e consolidam-se os sentimentos de ódio quanto à exploração... nesse ódio, os operários colocam em evidência a consciência de sua dignidade humana..." (idem: 104 e 105).

A burguesia, ao contrário,

> "não pode deixar de ser hipócrita, nem na sua política nem na sua moral... A imoralidade baseia-se na transformação do homem como valor de troca, como mercadoria; e a hipocrisia burguesa no setor da moral tem a sua origem na tendência para ocultar e mascarar esta transformação. A hipocrisia é inevitável em qualquer classe que vive à custa da exploração dos oprimidos, ou seja, de outra classe" (idem: 101).

3.2. Do compromisso político com as classes trabalhadoras ao compromisso com valores ético-políticos emancipatórios

3.2.1. O amadurecimento teórico-político nos anos 80

As formas de incorporação do marxismo pelo Serviço Social só adquirem condições de ser reavaliadas na segunda metade dos anos 70, no âmbito da crítica superadora do movimento de reconceituação. Aí são apontados seu ecletismo teórico-metodológico, sua ideologização em detrimento da compreensão teórico-metodológica, sua remissão a manuais simplificadores do marxismo, sua reprodução do economicismo e do determinismo histórico. Em termos políticos, questiona-se o basismo, o voluntarismo, o messianismo, o militantismo, o revolucionarismo.

No entanto, tal crítica, que se estendeu à desmontagem dos pressupostos da ética tradicional, ou seja, do tomismo e do pensamento conservador, não estabeleceu uma relação entre os equívocos oriundos da aproximação inicial do Serviço Social ao marxismo e à ética nele referendada. Sobretudo, não se revelou a especificidade filosófica da reflexão ética e seu rebatimento no debate filosófico do marxismo, especialmente em relação à sua principal referência inicial — o pensamento de Althusser, negador da fundação ontológica das ações ético-morais e da presença de valores na apropriação teórica da realidade.

A ausência de reflexão ética sistemática no período analisado determina que as tentativas de equacionamento de uma nova ética profissional fiquem restritas à obra de Kisnerman, referência clássica no Serviço Social brasileiro e única obra específica de divulgação internacional, até os anos 90.

Porém, como afirmamos, isso não impede a ação ética objetivada pela nova moralidade profissional de ruptura; no enfrentamento de questões políticas, ela orienta posicionamentos de valor, como os que ocorrem no final da ditadura. O III CBAS, em 1979, assinala o posicionamento ético-político que passa a se configurar como marco decisivo "no compromisso político e coletivo da categoria com os setores populares" (Abramides, 1989: 34).[31] A partir desse marco, no contexto da reorganização política da sociedade

---

31. Abramides & Cabral situam 1979 como "marco histórico nacional dos assistentes sociais, com a criação do mecanismo de articulação nacional das entidades sindicais — CENEAS, embrião que possibilita a criação da ANAS; marco histórico da profissão com a ruptura pública e coletiva da prática conservadora, com a 'virada' no III CBAS, que é considerada decisiva no compromisso da profissão com um projeto articulado com os setores populares"(Abramides & Cabral, 1995: 120).

civil, em defesa da democratização e da ampliação dos direitos civis e sócio-políticos, os valores ético-políticos inscritos no projeto profissional de ruptura adquirem materialidade, o que se evidencia na organização política da categoria, na explicitação da ruptura com o tradicionalismo profissional e no amadurecimento da reflexão de bases marxistas.

O processo de redemocratização da sociedade brasileira, nos anos 80, fornece as bases objetivas para a explicitação das conquistas efetuadas anteriormente, pela vertente de ruptura, e para sua superação, ou seja, sua reposição em novos patamares.

A militância político-profissional alcança o sua maturidade, evidenciada na organização sindical nacional dos assistentes sociais, na articulação com as lutas gerais dos trabalhadores e na inserção junto às demais entidades representativas da profissão; os eventos nacionais, gradativamente, revelam um contorno crítico e politizado.[32] A produção marxista supera os equívocos das primeiras aproximações, o *ethos* profissional é auto-representado pela inserção do assistente social na divisão sócio-técnica do trabalho, como trabalhador assalariado e cidadão. A formação profissional recebe novos direcionamentos, passando a contar como um currículo explicitamente orientado para uma formação crítica e comprometida com as classes subalternas. Em 1986, o Código de Ética, praticamente igual desde 1948, é reelaborado, buscando-se garantir uma ética profissional objetivadora da nova moralidade profissional.

O amadurecimento intelectual se objetiva através da superação dos equívocos do marxismo vulgar, evidenciados nas leituras mecanicistas que marcaram a negação ini-

---

32. O que rebate na ampliação da reflexão crítica evidenciada nos congressos brasileiros que, a partir do IV CBAS, promovem o debate sobre a conjuntura e sobre as implicações da prática profissional do Serviço Social. Assinala-se a coordenação conjunta das entidades da categoria nestes eventos, com a participação ativa das entidades representativas dos estudantes de Serviço Social.

cial da prática tradicional; entre elas, a ideologização do marxismo e o determinismo explicitado no voluntarismo ético-político e no economicismo. Tal superação implicou a retomada das fontes do pensamento de Marx, cuja expressão mais significativa é a obra de Iamamoto (Iamamoto & Carvalho, 1982).

Iamamoto desvela os fundamentos objetivos da prática profissional, apresentando uma análise histórico-crítica do significado do Serviço Social no processo de (re)produção das relações sociais burguesas. A compreensão das formas de intervenção do Serviço Social, do seu *ethos* e fundamentos amplia as possibilidades da crítica à ética tradicional. Apoiando-se em Gramsci, Iamamoto analisa criticamente a função política do Serviço Social, em sua trajetória:

"A consideração do Assistente Social como um intelectual subalterno situa, necessariamente, a reflexão de seu papel profissional numa dimensão eminentemente política, estando em jogo o sentido social da atividade desse agente. Coloca de frente indagações como: a quem vem servindo esse profissional, que interesses reproduz, quais as possibilidades de estar a serviço dos setores majoritários da população?" (Iamamoto, in Iamamoto & Carvalho, 1982: 89).

Indica-se a possibilidade de um novo *ethos*, que assim se caracteriza:

"No desempenho de sua função intelectual, o assistente social, dependendo de sua opção política, pode configurar-se como mediador dos interesses do capital ou do trabalho, ambos presentes, em confronto, nas condições em que se efetiva a prática profissional. Pode tornar-se intelectual orgânico a serviço da burguesia ou das forças populares emergentes; pode orientar a sua atuação reforçando a legitimação da situação vigente ou reforçando um projeto político alternativo, apoiando e assessorando a organização dos trabalhadores, colocando-se a serviço de suas propostas e objetivos" (idem: 96).

A influência de Gramsci, que aparece em várias produções dos anos 80,[33] permite uma reinterpretação das possibilidades de ruptura, o que influencia o novo Currículo de Serviço Social, em 1982, e a elaboração do Código de Ética de 1986, expressão formal da ruptura ética com o tradicionalismo do Serviço Social. O Código e a reformulação curricular de 1982 são marcos de um mesmo projeto que pressupõe o compromisso ético-político com as classes subalternas e a explicitação da direção social da formação e da prática profissional. Teoricamente considerados, tais pressupostos não são problematizados eticamente neste momento, o que não impede de considerá-los em sua dimensão axiológica, como orientadores de um *ethos* que expressa a moralidade do projeto de ruptura.

Uma análise ética da produção da vertente de ruptura, anos 80, evidencia que a concepção ética presente nos anos anteriores permanece praticamente inalterada em suas bases de sustentação, ou seja, a subordinação imediata entre ética e política, entre ética e ideologia não é questionada. Ainda que não se tenha produzido uma literatura ética nesse momento e que tenham sido dadas as bases teóricas para tal superação, isso não se explicitou; podemos encontrar dados indicadores em documentos como o projeto de formação profissional de ABESS, de 1982, além do Código de Ética Profissional, de 1986.

É importante salientar que já não aparecem as simplificações anteriores, como o mecanicismo, o moralismo, o voluntarismo ético-moral; o que se deve ao amadurecimento teórico e político da vertente em questão, especialmente pelo recurso às fontes do pensamento de Marx e pela aproximação com Gramsci.

Através de Gramsci, recupera-se a ação educativa em outras bases; agora não se trata de ação "basista", mas de uma dimensão da atividade profissional pensada nos mol-

---

33. Dentre os profissionais estudiosos de Gramsci, nesse momento, destaca-se Alba M. P. de Carvalho (1983). Sobre a influência de Gramsci no Serviço Social, consultar Simionatto (1995).

des do intelectual gramsciano. Isso permite superar a perspectiva mecanicista que considerou as instituições como "aparelhos ideológicos" do Estado, o que corresponde a uma superação de Althusser. Ao colocar-se nas funções do intelectual orgânico, o assistente social encontra sua identidade profissional na função de educador e organizador da população, a serviço das classes subalternas, no processo de construção de uma nova hegemonia. Ampliam-se as bases para uma apreensão das contradições sociais, o que é tratado em função da coexistência entre hegemonia e contra-hegemonia, entre ideologia dominante e contra-ideologia.

A crítica ao direcionamento político-ideológico da prática educativa tradicional leva à identificação da ação educativa em outra direção; em vez de contribuir para a difusão da ideologia dominante, o Serviço Social busca difundir a ideologia das classes trabalhadoras. Esta sinalização do significado político-ideológico da prática profissional em sua dimensão educativa aparece no projeto de investigação da ABESS, que subsidiou a implantação do novo Currículo de Serviço Social, em 1984. Seus pressupostos reafirmam a função ídeo-política da ação educativa do Serviço Social e a possibilidade de sua contribuição na construção de uma nova hegemonia:

> "[O Serviço Social] é uma prática profissional que tem uma relação mediata com o mundo da produção, sendo mediatizada via assistencial na ação educativa. É uma prática que, inscrita no campo político-ideológico, tem derivações na base econômica da sociedade. Portanto, o Serviço Social configura-se como uma atividade cujo significado econômico está subordinado ao seu caráter político dominante. É uma prática que tem uma função social via trabalho político-ideológico que, historicamente, tem se vinculado fundamentalmente ao projeto da classe dominante, mas que hoje começa a buscar uma reorientação social dessa prática" (ABESS, 1984: 122).

Se a explicitação da dimensão político-ideológica da ação profissional, por um lado, permite avaliar criticamente as implicações ético-políticas da prática profissional, por outro, isto não é problematizado em função das peculiaridades ético-morais da nova reorientação social que se pretende afirmar. Na medida em que a crítica à orientação tradicional se efetua através do desvelamento político-ideológico, a adoção de uma nova postura acaba por enfatizar a mesma dimensão, com sinal trocado, ou seja, a ética permanece implícita na opção político-ideológica, o que corresponde às interpretações dominantes da ética marxista tradicional e do *ethos* militante dos anos 60/70.

Da aproximação com Gramsci ocorre um duplo movimento: por um lado torna possível a superação de Althusser e a apreensão da dimensão contraditória da profissão, o que abre caminho para novas práticas; por outro, ocorre, em alguns momentos, uma simplificação que reproduz muitos equívocos já superados pela análise de Iamamoto. A principal deles é a identificação mecanicista do assistente social como intelectual orgânico do proletariado, sem apreender as mediações dadas por Gramsci[34] e pela própria profissão.

A ausência de reflexão ética sistemática permite que não se revele, neste momento, uma problemática que, implícita na direção social do projeto de ruptura, expressa o compromisso político-ideológico: como imperativo ético, o que no documento da ABESS apresenta-se como "necessidade":

> "A profissão busca hoje consolidar a sua legitimidade junto à sua 'clientela', o que implica em um compromisso real e efetivo com os seus interesses coletivos e em uma articulação teórico-prática com a construção de uma nova hegemonia na relação entre as classes sociais. Nesta perspectiva, delimita-se para o profissional a necessidade de uma

---

34. A crítica a tal leitura de Gramsci foi tratada em nosso TCC, *A ação educativa do Serviço Social: revendo sua história, criando alternativas*, sob a orientação de Marilda V. Imamoto. Parte desta discussão está publicada em Barroco e Karmann (1982).

identificação pela consciência e pela prática com as classes subalternas, no atual momento da sociedade brasileira" (ABESS, 1984: 120).

Uma leitura ética deste enunciado permite desvelar a existência de um *dever ser*, cuja afirmação supõe uma consideração de valor em termos do que se avalia como "melhor" para a formação profissional. Contudo, na medida em que este *dever ser* é tratado como necessidade, adquire um sentido apriorístico que subordina as transformações ético-morais à opção ideológica, o que, conforme já analisamos, não contempla as contradições e peculiaridades das escolhas éticas.

As simplificações que decorrem desta interpretação acabam reproduzindo vários equívocos assinalados no processo de constituição da ética marxista, dentre eles, a consideração de que a opção de classe conduz, naturalmente, a uma moralidade positiva.

Cabe destacar que, se a perspectiva gramsciana do Serviço Social não sistematiza os fundamentos éticos da nova moralidade profissional, isto não significa afirmar que esta tendência seja a mesma da origem do processo de ruptura; inseridas no conjunto de avanços teórico-práticos influenciados pelo pensamento marxista, as primeiras tentativas de afirmação de uma nova ética e a ética subjacente às análises pautadas em Gramsci expressam dois momentos de um mesmo processo. Além disso, é preciso lembrar, também, que Grasmci significou o fortalecimento de posicionamentos teórico-políticos importantes no contexto de enfrentamento do conservadorismo profissional.[35]

No âmbito da reflexão teórica, dentre as vias pelas quais se avançou neste esforço de concretização do projeto

---

35. Como revela Carvalho, a origem do grupo de estudos coordenado por Miriam Limoeiro, na PUC-RJ, em 1979, busca enfrentar o debate com o conservadorismo através da vertente fenomenológica (apud Simionatto, 1995: 199).

de ruptura, cabe destacar a análise de Mota (1984) sobre o trabalho profissional na empresa capitalista e o debate em torno das políticas sociais (Faleiros, 1980) que, dadas as condições sócio-políticas e econômicas próprias à crise da ditadura, evoluiu para a recuperação da assistência numa perspectiva antiassistencialista (Sposati et alii, 1985),[36] envolvendo a discussão dos movimentos sociais, da cidadania e da democracia.[37] É também na década de 80 que o Serviço Social se aproxima da discussão sobre a vida cotidiana, através de autores como Lukács e Heller, Goldman, Lefèvre.

Tais avanços teórico-políticos não são acompanhados por uma reflexão ética sistemática,[38] o que se revela também no processo que culminou com a implantação do novo Currículo de Serviço Social, de 1982 a 1984. Embora constitua-se em um dos marcos de ruptura com o tradicionalismo profissional, o projeto de formação profissional, nesse momento, não aponta para a revisão das disciplinas que fornecem subsídios para tal reflexão: Filosofia e Ética.

Apesar de este marco ser pautado na crítica aos referenciais e valores que tradicionalmente orientaram a prática profissional, indicando, de forma hegemônica, o marxis-

---

36. As incidências práticas desta recuperação foram notáveis quando, na seqüência da promulgação da Constituição de 1988, os assistentes sociais intervieram com ponderável contribuição nos debates pertinentes à Lei Orgânica da Assistência Social (LOAS).

37. Para a verificação da densidade desta discussão é ilustrativa a produção profissional veiculada, na segunda metade dos anos 1980, na revista *Serviço Social & Sociedade* (da Cortez Editora, de São Paulo), bem como a agenda explorada nos IV, V e VI Congressos Brasileiros de Assistentes Sociais (1982, 1985 e 1989).

38. Um dos primeiros textos referidos à ética de ruptura é o de Souza (1978), orientado pela ética marxista tradicional. Em 1986, as entidades nacionais (CFAS/ABESS/ANAS) promoveram o Seminário Nacional de Ética Profissional que contou com a palestra da profa. Vicentina Velasco, publicada após sua morte, em 1990. É importante ressaltar que a crítica ao conservadorismo profissional, efetuada por Iamamoto (1982 e 1992), foi fundamental para o desvelamento do *ethos* tradicional.

mo como referencial a ser privilegiado, não se coloca em pauta a discussão sobre a ética marxista ou sobre o debate filosófico do marxismo. Isso é contraditório, na medida em que tais disciplinas são, historicamente, espaços privilegiados de fundamentação ética e de apreensão dos valores e princípios éticos da profissão.

A ausência de um debate ético que desvelasse, no interior do pensamento de Marx, sua concepção ontológica contribuiu para que, ainda nos anos 80, em geral, a remissão a valores universais ou ao humano-genérico fosse tomada como abstração negadora da história e das classes sociais. No entanto, assistentes sociais vinculados ao ensino da filosofia ou filósofos integrados nos cursos de Serviço Social apontaram para a necessidade desta reflexão no interior da formação profissional. É o caso de Antônio Geraldo Aguiar e Ivo Tonet, que, em artigos dirigidos a uma contribuição no processo de implantação do novo Currículo, em 1984, afirmam a urgência de uma reformulação da disciplina de Fundamentos Filosóficos do Serviço Social.

Fundamentado numa perspectiva ontológico-social, Tonet analisa criticamente as correntes filosóficas que influenciam o Serviço Social, explicitando a base ontológica do pensamento de Marx. Esta abordagem do marxismo, buscada em Lukács, já apresentada por Netto desde o início dos anos 80, é uma das possibilidades de enfrentamento da questão ética no interior da tradição marxista; no entanto, a sua apropriação pelo Serviço Social só emerge nos anos 90. Assim, o Código de 1986, de orientação marxista, não consegue superar a visão presente no marxismo tradicional: a que reduz a ética aos interesse de classe.

3.2.2. (1986) O compromisso ético-político com as classes trabalhadoras

Os pressupostos do Código de Ética de 1986 podem ser observados em sua introdução, em que se afirma a necessidade de sua mudança em função da dinâmica social e da vinculação profissional com "as lutas da classe trabalhadora" (CFAS, 1986: 7). A ética é então definida em função do seu caráter histórico e de sua fundação na produção econômica da sociedade:

"As idéias, a moral e as práticas de uma sociedade se modificam no decorrer do processo histórico. De acordo com a forma como esta se organiza para produzir, cria seu governo, suas instituições e sua moral" (CFAS, 1986: 7)

Aponta-se para a necessidade de uma nova ética profissional que "reflita uma vontade coletiva, superando a visão acrítica, onde os valores são tidos como universais e acima dos interesses de classe". A nova ética é então definida como "resultado da inserção da categoria nas lutas da classe trabalhadora e, conseqüentemente, de uma nova visão da sociedade brasileira" (idem). Assim, apresenta-se o princípio da nova ética, o "compromisso com a classe trabalhadora", desta forma explicitado: "A categoria, através de suas organizações, faz uma opção clara por uma prática profissional vinculada aos interesses desta classe" (idem).

Ao se opor ao neotomismo, o Código busca superar a concepção universal abstrata dada aos conceitos de pessoa humana e bem comum. A explicitação do compromisso político visa garantir uma prática voltada às necessidades dos usuários, tratados historicamente, em sua inserção de classe, o que está de acordo com a politização que marca a intervenção da vertente de ruptura na profissão. Desta forma, o compromisso com as classes trabalhadoras, tomado como princípio de um projeto profissional articulado a um projeto de sociedade, não é o problema do Código, mas sim a forma como ele é colocado, no âmbito de um Código de Ética Profissional e em relação ao pensamento de Marx.

O Código expressa uma concepção ética mecanicista; ao derivar, imediatamente, a moral da produção econômica e dos interesses de classe, não apreende as mediações, peculiaridades e dinâmicas da ética. Ao vincular, mecanicamente, o compromisso profissional com a classe trabalhadora, sem estabelecer a mediação dos valores próprios à ética, reproduz uma visão tão abstrata quanto a que pretende negar. Por exemplo, onde o Código de 1975 afirma que o assistente social pode romper o sigilo em casos de prejuízo ao bem comum, lê-se em 1986: "a quebra do sigilo só é admissível, quando se tratar de situação cuja gravidade possa trazer prejuízo aos interesses da classe trabalhadora" (CFAS, 1986: 12).

Na medida em que o compromisso e as classes não são tratados em suas mediações em face da ética profissional, o Código não expressa uma apreensão da especificidade da ética; em vez de se comprometer com valores, se compromete com uma classe, o que é o mesmo que afirmar que tal classe é, *a priori*, detentora dos valores positivos, o que configura uma visão idealista e desvinculada da questão da alienação. Ao não estabelecer as mediações entre o econômico e a moral, entre a política e a ética, entre a prática política e a dimensão política da prática profissional, o Código reproduz as configurações tradicionais da ética marxista.

Sem negar a importância do Código de 1986, podemos afirmar que ele está aquém dos avanços teórico-metodológicos e políticos efetuados na década de 80; ao mesmo tempo, tais avanços não foram traduzidos em um debate ético abrangente e na elaboração de uma literatura específica.

Portanto, os marcos teórico-políticos dos avanços da vertente de ruptura nos anos 80 revelam uma defasagem em relação à teorização ética. A reflexão teórica marxista forneceu as bases para uma compreensão crítica do significado da profissão, desvelando sua dimensão político-ideológica, mas não a desvendou em seus fundamentos e mediações ético-morais; explicitou os fundamentos do conservadorismo e sua configuração na profissão, o que não se desdobrou numa reflexão ética específica. A prática política construiu, objetivamente, uma ética de ruptura, mas não ofereceu uma sustentação teórica que contribuísse para uma compreensão de seus fundamentos.

Como dissemos, a insuficiente apreensão ética não equivale à ausência de transformações ético-morais; tendo em vista as determinações que incidem sobre o questionamento de valores e sobre a adoção de novos papéis e princípios éticos, podemos considerar que, embora não sistematizados e refletidos em sua significação, o *ethos* tradicional do Serviço Social foi sendo negado na prática, através da vivência cotidiana, nas várias dimensões que rebatem na ação profissional, constituindo uma nova moralidade profissional.

3.2.3. Os anos 90: bases do compromisso ético-político com valores emancipatórios

A superação das fragilidades do Código de 1986 é objetivada em 1993, quando o Código é reelaborado, o que deixa claro que houve um avanço téorico, proporcionado pelo acúmulo anterior. O processo de debates que culmina com a aprovação do novo Código é marcado pela sensibilização da sociedade civil em face da questão ética, o que se concretiza em mobilizações que reivindicam a ética na política e na vida pública, levando ao *impeachment* do presidente, em 1992.

Mas, na verdade, a objetivação de uma consciência ética, nesse momento, expressa uma insatisfação social cujas determinações não são superadas eticamente. O que está em jogo é a subordinação do país aos interesses político-econômicos do capitalismo internacional, ou seja, a sua adesão ao "mundo globalizado" e ao programa neoliberal. Este projeto, aplicado na América Latina pelo Banco Mundial e pelo FMI, é parte de uma estratégia global de desenvolvimento econômico, no âmbito das profundas mudanças verificadas na dinâmica das sociedades capitalistas — desde a crise do Estado de Bem-Estar Social às alterações no "mundo do trabalho".

Na década de 90, as conseqüências da lógica excludente e destrutiva do capitalismo, aprofundadas no processo de globalização neoliberal, são visíveis mundialmente e particularmente no Terceiro Mundo. Entre muitos aspectos, eliminam-se toda estrutura e responsabilidade social do Estado em face da "questão social"; privatizam-se serviços públicos e empresas estatais, desmontam-se, gradualmente, as legislações de proteção social e do trabalho. O desemprego, o subemprego, o empobrecimento crescente das camadas médias, a "precarização" dos contratos de trabalho, a repressão aos movimentos sociais e às organizações de classe dos trabalhadores são algumas das conseqüências desse modelo político-econômico.

A implantação desse projeto, no Brasil, opera em condições particulares; não contando com uma proteção social que assegure minimamente os direitos sociais, apresentando índices de miséria similares aos países mais pobres do mundo e contando com uma elite historicamente conservadora, o país ingressa no "mundo global" reatualizando as velhas estratégias de equacionamento moral da "questão social". Assim, ao mesmo tempo que ocorrem as privatizações e a desresponsabilização do Estado com as políticas públicas, vão surgindo, gradativamente, propostas e programas governamentais pautados em apelos ético-morais; trata-se de envolver a sociedade civil, em nome da "solidariedade" e da "responsabilidade social", no enfrentamento das seqüelas de "questão social", estratégia que permite a modernização de práticas filantrópicas e a desmobilização da sociedade civil, que passa a ser situada num "terceiro setor", cuja lógica de funcionamento não seria nem a do mercado nem a do Estado, mas a da solidariedade.

Eticamente considerado, tal cenário é revelador de um "esgarçamento" dos valores sociais, favorecido pela crescente corrupção e cinismo das elites governantes; desconstrói-se uma cultura da cidadania para construir uma cultura do medo, da insegurança, do descrédito na política, nas leis e na ética. A população, em suas expressões mais alienadas, apóia a repressão aos movimentos de oposição, pede a pena de morte.

Esse momento é facilitador de posicionamentos conservadores; em face da falência do chamado socialismo real, mais uma vez o marxismo é colocado em questão por correntes ideologicamente negadoras das conquistas históricas da tradição marxista e da razão dialética. Esse contexto também rebate no debate ético das esquerdas; trata-se, por um lado, de enfrentar criticamente os rumos e desdobramentos das experiências que, fundadas no ideário socialista, levaram à sua negação prática; por outro, de resgatar a atualidade do pensamento de Marx e os valores socialistas.

As condições sócio-econômicas e ídeo-políticas dos anos 90 atingem diretamente a população trabalhadora, rebatendo duplamente no Serviço Social; seus agentes são atingidos como cidadãos e trabalhadores assalariados e como profissionais viabilizadores de direitos sociais. A vertente profissional que, nos anos 1980, ganhou legitimidade na direção das entidades de profissionais e estudantes, na organização sindical, no debate crítico, na produção inserida na tradição marxista, na revisão curricular de 1982 e na reelabolação do Código de 1986, defronta-se com o desafio de responder à essa conjuntura, sem perder suas conquistas.

Como observa Netto (1996), "se na entrada dos anos 90 é evidente o amadurecimento de um "vetor de ruptura", isso não significa que essa vertente tenha alcançado uma "nova legitimidade" junto às classes subalternas. Além disso, a ruptura com o conservadorismo profissional, consolidada em 80", não significa que o conservadorismo (e, com ele, o reacionarismo) foi superado no interior da categoria.

É nesse cenário que a questão ética se põe como tema emergente no debate profissional, entre 1992 e 1993. Por um lado, com as mobilizações reivindicadoras da ética na política, a questão ética se populariza, passando a se constituir em tema privilegiado de encontros, cursos, publicações, que não se restringem ao alcance de um público intelectualizado, mas, ao invadir os meios de comunicação de massa, atingem a vida cotidiana. Por outro, as conseqüências da opção neoliberal já se tornam evidentes, colocando questões de ordem teórico-práticas e ético-políticas: como viabilizar o compromisso profissional em condições tão adversas? Eticamente falando, como traduzir os valores na particularidade da ação profissional; como isto é feito na especificidade de um Código de ética?

O Código de 1986, pela sua fragilidade teórico-metodológica e operacional, não respondia a essas indagações, o que, em termos da vertente de ruptura, significava o desafio de enfrentar a discussão ética no interior da tradição marxista. Isso foi possível pelo recurso a filósofos que, no âmbito do processo de renovação do marxismo, nos anos 50, sistematizaram as bases ontológicas da teoria social de Marx: Lukács e seus discípulos.

Desde os anos 80, a ontologia social de Marx se apresenta na literatura profissional, fundamentalmente, através da obra de Netto e da interlocução com cientistas sociais e filósofos estudiosos de Lukács, tais como Coutinho, Lessa, Antunes e Tonet. A assimilação da discussão ontológica ocorre gradativamente, nos anos 80, orientada pelo tema do cotidiano, da reificação, do método crítico-dialético.

A partir de 90 fica evidente uma ampliação do recurso à filosofia[39] que, despontando em teses e artigos voltados à reflexão sobre o método crítico-dialético, a cultura, a alienação, a práxis etc., aponta novas possibilidades para a discussão ética. Observa-se um esforço na direção do resgate da herança filosófica de Marx através do recurso a Hegel, emergindo produções apoiadas em Lukács, Heller, Mészáros, Habermas, entre outros.

---

39. Uma pesquisa empírica realizada com edições da *Serviço Social e Sociedade* mostrou que, a partir de 1990, as reflexões filosóficas e o recurso à ontologia social passam a compor, sistematicamente, as publicações da revista. Dentre os livros que, publicados a partir de 1990, apresentam tais peculiaridades ressaltam-se: Guerra (1995), Simionatto (1995) e Pontes (1995). Em termos da produção ética assinala-se uma abordagem de cunho filosófico nas reflexões de Lima (1994), Forti (1992) e das integrantes da Comissão Nacional de Reformulação do Código de Ética de 1993, Paiva e Sales, cuja produção encontra-se em Bonetti et alii (orgs.) (1995). Cabe assinalar a contribuição de Sales (1993), com sua dissertação de mestrado, defendida na UFRJ, em 1993, sob a orientação de Carlos Nelson Coutinho.

Na primeira metade dos anos 90 a presença de Lukács se torna mais marcante; nas produções acadêmicas, nos encontros e debates da categoria, o recurso à ontologia social afirma-se como parte da trajetória de amadurecimento da tradição marxista no Serviço Social. Contribui para tal a publicação da tese de doutoramento de Netto, em 1991.

A apreensão da centralidade do trabalho no processo de constituição do ser social contribui para a compreensão de questões emergentes no âmbito das transformações que marcam os anos 1990. Por isto, sua atualidade em face do processo por nós sinalizado: a trajetória de apropriação por parte do Serviço Social, das bases de fundação do trabalho profissional e a possibilidade de enfrentamento da discussão ética no marxismo.

3.2.4. Lukács e o processo de renovação da ética marxista

Vimos que a concepção ética restrita à ideologia supõe, entre outros aspectos, enfrentar a discusão filosófica no interior do pensamento de Marx, o que possibilita rever sua herança hegeliana e se aproximar de sua perspectiva ontológica. Na história do marxismo, por uma série de determinantes que independem da vontade individual de seus protagonistas, ocorre uma fragmentação do núcleo central da obra marxiana: as teorias da revolução e do valor/trabalho e a dialética. As conseqüências dessa fragilidade impedem a compreensão de componentes essenciais à reflexão ética.

O resgate do caráter crítico-dialético do legado de Marx é um longo processo que, durante a autocracia stalinista, se expressa em "tentativas marginais de preservação dos impulsos críticos" (Netto, 1991: 56), evidenciadas, por exemplo, nas discussões sobre arte de Lukács, Bloch e Brecht, nos estudos históricos de Deutscher e Maurice Dobb, nas análises político-culturais de Gramsci, Lefèbvre, Togliatti, entre outros.

Nos anos 1920, com as obras de Lukács e Korsch, a discussão filosófica já aponta para seu processo de renovação: trata-se de uma reflexão que se peculiariza pelo recurso a Hegel e pela crítica aos fundamentos do marxismo vulgar.[40] *História e consciência de classe*, de Lukács, e *Marxismo e filosofia*, de Korsch, publicados em 1923, analisam criticamente, embora de formas diferenciadas, aspectos cruciais das interpretações marxistas dominantes, donde sua negação pela ortodoxia marxista que, refratária ao caráter crítico da teoria de Marx, convencionou chamar todas as manifestações que, de alguma forma, colocassem em questão os pressupostos do marxismo oficial de revisionistas ou antimarxistas.[41]

Com o colapso do stalinismo entra em crise o marxismo-leninismo, o que possibilita o ressurgimento de tendências antes marginalizadas e de novas interpretações do legado de Marx, apontando para um processo de redimensionamento teórico-prático, ou seja, de renovação marxista. Porém, os pensadores que são retomados ou que emergem a partir desse contexto não formam um bloco homogêneo, o que impede de agrupá-los numa só tendência como analisa Netto (1991b), os conflitos teórico-políticos e culturais, que marcam os movimentos revolucionários posteriores à queda do stalinismo,[42] se expressam também no âmbito das correntes teóricas.

---

40. Dentre os aspectos filosóficos da obra de Lukács, ressaltem-se: o recurso à filosofia hegeliana, o resgate das categorias centrais do método crítico-dialético marxiano e a análise da alienação no capitalismo maduro: a reificação. sobre a polêmica que envolve esta obra ver: Fetscher (1970), Löwy (1979), Konder (1980), Arato & Breines (1979), Netto (1983a) e Antunes & Rego (1996). Sobre Korsch, ver, entre outras fontes, Fetscher (1970), Arato & Breines (1979), Anderson (1983), & Melchior (1987) e Sochor (in Hobsbacon, org. 1987).

41. "Logo depois de publicado, HCC foi objeto de uma vigorosa condenação por parte da Internacional Comunista, no seu V Congresso (junho/julho de 1924). Bukharin e Zinoviev atacaram as 'recaídas' no velho hegelianismo e o 'revisionismo teórico'" (Netto, 1983a: 43). Também a obra de Korsch foi objeto de fortes críticas.

42. Por exemplo, se coloca a necessidade de compreender: a evolução soviética em sua relação com outros processos revolucionários diferenciados, tais como o da Iugoslávia, da China, das lutas de libertação nacional da Ásia, África e América Latina; as lutas operárias, em sua relação com as transformações e crises do capitalismo, com os mecanismos de inserção do proletariado, com as novas configurações das classes sociais e com o papel do Estado (Netto, 1991: 62-67).

O movimento marxista renovador busca romper com a idéia de um único marxismo — pressuposto para a superação do marxismo-leninismo —, donde seu caráter alternativo e plural, que se evidencia tanto pelas temáticas, como pelas formas de abordagem e pela ampliação do debate com outras correntes teóricas. É nesse contexto que a questão filosófica adquire novas configurações; por um lado, temas de natureza filosófica se põem como problemas emergentes (tais como a práxis, a alienação); por outro, são retomadas abordagens filosóficas anteriormente marginalizadas pelo marxismo soviético (como as de Gramsci, Lukács, Bloch). Ao mesmo tempo, ao debater com outras correntes filosóficas, tais como o existencialismo, o humanismo cristão, a fenomenologia, o marxismo se enriquece criticamente.

A relação entre marxismo e filosofia, sobretudo, é acrescida do "retorno" às fontes do pensamento marxiano, o que coloca a possibilidade de uma revalorização da herança hegeliana de Marx — em parte, pela divulgação mais ampla dos textos do jovem Marx (em que a polêmica com Hegel é relevante), em parte, pela necessidade de resgatar as origens do método crítico-dialético em face da crítica do marxismo-leninismo.[43]

Por sua natureza, o marxismo é organicamente vinculado à prática social e à sua transformação; por isso, não é refratário às questões do seu tempo. Assim, se em sua origem, por exemplo, a vida cotidiana não é uma questão de destaque, no contexto assinalado passa a se constituir como tema relevante. Da mesma forma, a partir de meados dos anos 1950, o marxismo passa a incorporar em suas investigações, de modo mais sistemático, as questões relativas à

---

43. Neste aspecto, evidencia-se a importantíssima análise de Lukács em O marxismo ortodoxo, contido em *História e consciência de classe*, como diz Netto: "um texto clássico da metodologia marxista precisamente por atribuir e conceder à categoria da totalidade e às mediações a proeminência no processo de conhecimento do ser social" (Netto, 1981b). Dada a polêmica nele envolvida, na ocasião de sua publicação, entendemos que sua retomada, no contexto assinalado, conta com novas possibilidades de reconhecimento.

subjetividade, ao indivíduo, entre outras. A própria discussão política se diversifica a partir da crise da experiência soviética; esta já não é a única referência para o marxismo; outras experiências revolucionárias colocam em relevo a diversidade de possibilidades inscritas na práxis política, contribuindo também para uma visão crítica e pluralista.

As possibilidades instauradas pelas condições assinaladas são visíveis na diversidade de autores que, vinculados direta ou indiretamente à tradição marxista, ou estudiosos de sua problemática, fornecem, sob perspectivas diferenciadas, elementos para uma reflexão ética: Lukács, Gramsci, Bloch, Goldmann, Rubel, Lefèbvre, Della Volpe, Garaudy, Marcuse, Vaz, Ash, Kosik, Habermas, Heller, Shaff, Markus, Mészáros, Markovic, Sartre, Fromm, Kamenka, entre outros.[44]

Destes autores, destacam-se as obras *Marxismo e moral*, de William Ash, e *Ética*, de Adolfo Sánchez Vázquéz, publicadas respectivamente em 1964 e 1969. Inscritos no processo de renovação do marxismo, Vázquéz e Ash apresentam uma elaboração qualitativamente diferenciada da de Shiskine, analisada nas páginas anteriores. De forma diversa, suas análises incorporam vários aspectos da crítica renovadora, resgatam criticamente, mas não de forma mecanicista e dogmática, as várias configurações éticas na história, recuperando o caráter sócio-histórico da ética e moral; buscam explicitar a natureza da moral e da ética, evidenciando suas dimensões, suas peculiaridades e problematizam questões como teleologia e causalidade, liberdade e necessidade, norma e autonomia, dentre outras.

A crítica ontológica ao marxismo mecanicista e à epistemologia é uma das características do pensamento de

---

44. Ressalta-se, fora os textos aqui analisados, os estudos de Rubel, sobre a ética socialista, em *Pages de Karl Marx: pour une éthique socialiste* (Paris, Payot, 1970); Marcuse, sobre a ética soviética, em *El marxismo soviético* (Madri, Alianza Editorial, 1958); parte dos autores citados, além de Sartre, debatem a questão ética em *Moral e sociedade* (Rio de Janeiro, Paz e Terra,1972); os textos de Lukács (de 1918 e 1919), específicos sobre ética, estão em Konder (1980). Entre os brasileiros destacamos os trabalhos de Henrique de Lima Vaz.

Gramsci e Lukács. De modos diferenciados, sua crítica totalizante ao economicismo, ao determinismo histórico, às concepções positivistas repõe em novos patamares a discussão filosófica; por exemplo, eles recuperam um dos elementos centrais à discussão da ética de classe: sua relação com o humano-genérico. Através da análise das objetivações éticas e estéticas, esses pensadores apontam para o seu sentido universalizante, definido através do conceito de catarse, o que, segundo Coutinho, expressa um elo comum entre eles:

"Em Lukács, a catarse — operando nas objetivações que se dão nas esferas estética e ética — faz com que o indivíduo se liberte de sua mera particularidade, de suas limitações singulares, e tome consciência ativa de sua dimensão universal enquanto parte integrante do gênero humano. Em Gramsci, o momento catártico — elemento essencial (ou talvez até mesmo sinônimo) da práxis política — é um processo através do qual um grupo social supera seus interesses econômicos, meramente corporativos, e se eleva à consciência ético-política, à condição de classe universal, capaz de se tornar hegemônica na medida em que dá respostas historicamente universais às questões vividas pelo povo-nação e pela humanidade numa época concreta" (Coutinho, 1996: 25).

Apesar de oferecer uma base de sustentação capaz de subsidiar novas formulações éticas, Gramsci e Lukács, assim como a maioria dos autores que se evidencia no processo de renovação do marxismo, não sistematizaram uma ética. Quanto a Lukács, podemos considerar que a indagação ético-moral percorre sua trajetória política e filosófica, apresentando configurações diferenciadas, de acordo com sua evolução, marcada pela sua vinculação com os processos revolucionários e seus impasses históricos, por ele vividos intensa e particularmente.

O período entre 1919 e 1923 é marcado por uma perspectiva ética messiânica e voluntarista; nas palavras de Netto: "esquerdismo e voluntarismo, estão intimamente vinculados ao seu eticismo (isto é: ao rigor com que avaliava a prática segundo princípios)" (Netto, 1983a: 36). Nesse período, que corresponde à sua adoção do marxismo, Lukács elabora uma série de textos éticos, entre eles *Tática e ética*, de 1919. *História e consciência de classes*, publicado em 1923, já evidencia uma nova etapa de seu aprofundamento do pensamento de Marx.

Já em 1923, entre outros aspectos positivos, Lukács desvela as contradições do marxismo vulgar, resgatando o método crítico-dialético; como aponta Netto: "ao nível metodológico, ele reintroduz a categoria da totalidade, como pedra angular da gnose social, e a mediação como constituinte decisvo desta gnose" (Netto, 1981a: 41). Mas permanece sua perspectiva messiânica: "o messianismo voluntarista (a expressão é do Lukács da década de trinta) das concepções ativistas que permeiam a obra, cujo substrato político era a crença na eclosão, a curtíssiomo prazo, da revolução no Ocidente" (idem, ibidem).

Nossa afirmação inicial de que a renovação ética marxista supõe uma crítica ontológica ao marxismo vulgar e que para tal é fundamental o recurso à herança filosófica de Marx é confirmada pela trajetória de Lukács; entre outros aspectos, as etapas que anunciam o seu processo de superação do voluntarismo ético coincidem com seu aprofundamento de Hegel e de estudos da cultura e das artes.[45]

Netto considera que a adoção, por parte de Lukács, da "epistemologia leniniana (que, obviamente, implica fundamentos outros além da célebre 'teoria do reflexo') opera-se concomitantemente a nova leitura de Hegel: é então que Lukács revisa a sua concepção de movimento histórico, tornando-a mais complexa. Desta conjunção, resulta uma per-

---

45. Netto analisa a trajetória de Lukács como um processo dialético, onde se evidencia "uma matriz original que penetra todas as etapas de sua reflexão... a questão da apropriação da dinâmica histórico-social pelo homem enquanto ator social concreto; o que significa, portanto, que se trata da questão da inserção de um sentido humano consciente no desenvolvimento social" (Netto, 1981b: 39 e 40).

cepção mais arguta do específico estético e a motivação ética que animava suas obras anteriores se determina historicamente, concretizando-se no conceito de humanismo" (idem: 42).

É neste momento, assinalado por Netto como a terceira fase de sua evolução (1933-1965), que Lukács reelabora sua análise de 1923: "o conhecimento aprofundado de Hegel, sob a ótica leniniana, conjugado a ánalise de materiais da lavra do 'jovem Marx', permitirá a Lukács uma primeira reelaboração dos conceitos chaves de *História e consciência de classe* — alienação e reificação —, agora reorientados sobre a base do processo de trabalho como via de humanização; trata-se mesmo do momento — recorde-se que Lukács trabalhava em *O jovem Hegel* — em que o filósofo começa a apreender as implicações mais fundas do complexo de fenômenos que é a práxis (embora a objetivação desta apreensão só se faça sentir com mais evidência — ainda que problemática — em sua última fase" (idem: 42).

A última fase intelectual de Lukács (1965-1971) assinala sua maturidade e sua intenção de sistematizar uma ética, o que não foi realizado por sua consideração de que uma ética supõe a explicitação das bases ontológicas do ser social; como Netto explica: "Na seqüência da reflexão que se coroa na Estética, ele se propõe a redação de uma Ética. Considera, entretanto, que esta só pode se construir a partir de uma ontologia — e, concluída a *Estética*, todos os seus cuidados são dirigidos para escrever a obra que só terminará (e que não lhe pareceu inteiramente satisfatória) poucos dias antes de morrer e cuja publicação integral é póstuma: a *Ontologia do ser social* (Netto, 1983: 83).

Dentre o conjunto de elementos que fazem da obra de Lukács uma das mais significativas contribuições para a renovação da ética marxista, destacamos sua apreensão do caráter ontológico do pensamento de Marx, o que lhe possibilita recuperar a centralidade do método crítico-dialético no marxismo, e seu resgate da temática da alienação e da reificação em face da vida cotidiana e em sua relação com as atividades que permitem uma conexão consciente e livre com a genericidade humana.[46]

A partir do desenvolvimento das idéias de Lukács emerge uma produção ética capaz de desvelar criticamente os principais impasses da ética marxista tradicional: sua ética utilitarista e a desconsideração dos traços alienados do próprio *ethos* socialista. Por isto, na produção ética dos discípulos de Lukács é evidente a articulação entre a questão ética e a alienação, tendo em vista ser esse o eixo central do desvelamento das possibilidades e impedimentos para a realização de uma ética dirigida à emancipação humana.

Autores como Heller, Mészáros, Markus, entre outros, contribuem para a compreensão de um ponto fundamental a uma ética marxista: sua capacidade crítica, no âmbito da sociedade burguesa. Ao mesmo tempo que as transformações ético-morais não são suficientes para a superação das condições geradoras da alienação, sua intervenção nesse processo não pode ser desprezada. Nesta perspectiva, a crítica ontológica às configurações históricas da ética marxista tradicional supõe esse duplo movimento: trata-se de explicitar o lugar e a função da ética e da moral no processo de superação da alienação mas, também, apontar para as possibilidades de realizações ético-morais não alienadas no interior da sociedade burguesa.

3.2.5. A ontologia social de Marx e a questão ética

Marx não elaborou uma ética e suas poucas considerações sobre a moral se inscrevem em sua crítica radical da

---

46. Um dos maiores méritos de Lukács foi ter demonstrado, exaustivamente, que toda e qualquer afirmação de Marx só pode ser entendida corretamente se for pensada pela razão dialética que reproduz idealmente o movimento real das categorias e esferas constitutivas da vida social. Sua defesa da atualidade do método marxiano, ou seja, do "marxismo ortodoxo", é assim explicada: "O marxismo ortodoxo não significa, pois, adesão acrítica aos resultados da pesquisa de Marx, nem 'fé' numa ou outra tese marxiana ou a exegese de um texto 'sagrado'. A ortodoxia, em matéria de marxismo, refere-se, ao contrário e exclusivamente, ao método" (in Netto, 1981b: 60).

sociedade burguesa. Muitas delas, se tomadas isoladamente, ou se revertidas para o seu valor oposto, levam a entendimentos presentes na ética marxista tradicional. Mas, sua ontologia, resgatada por Lukács, possibilita superá-los, colocando suas conquistas em novos patamares.

A ética marxista é apoiada na teoria da emancipação proletária marxiana. De fato, Marx concebe o proletariado como sujeito histórico que — pela sua posição e função nas condições de existência da sociedade burguesa — é potencialmente capaz de subverter essa ordem social. É de Marx, também, a afirmação de que a revolução é uma "missão histórica", mas a tese marxiana — segundo a qual o proletariado não pode se libertar sem libertar a humanidade — é orientada para um programa prático de subversão da ordem burguesa, de modo a superar a própria moral, em sua expressão classista.

Ontologicamente considerada, a superação do capitalismo é um processo desencadeado pelo proletariado, no sentido de sua auto-supressão, ou seja, de superação da existência de classes sociais, da criação de condições para uma (re)apropriação universalizante da riqueza humana construída historicamente. Libertar a humanidade, para Marx, não é transferir a função ideológica da moral burguesa para a moral proletária, pois esses parâmetros, sendo históricos, estão invariavelmente sujeitos à manifestações alienadas.

É evidente que a supressão da sociedade burguesa supõe uma normatividade e a adesão consciente a valores éticos emancipatórios. A práxis político-revolucionária é uma das possibilidades de conexão dos indivíduos com o humano-genérico. Porém, não se enfrentou, nas produções éticas a partir da II Internacional, a possibilidade de a alienação estar presente, contraditoriamente, na moral socialista. Para isso seria preciso, além da teoria da alienação, uma apreensão das particularidades da ética; como vimos, a unidade real entre ela e a ação política, em face das necessidades imediatas da revolução, não possibilitou desvendar sua simultânea unidade e diferencialidade.

Entendeu-se que o proletariado, por representar a negatividade da sociedade alienada, estaria imune à alienação. Daí a idéia de que, ao lutar pela superação dessa sociedade, ele seria, ainda nessa sociedade, a expressão plena de um novo homem; os desdobramentos dessa suposição idealista levaram à consideração da moral socialista como algo "perfeito". Essa concepção é alheia a Marx, que nunca considerou as classes sob o ponto moral, nem afirmou que o proletariado é moralmente superior; ao contrário, ele fazia questão de se opor a essa visão, como afirma em *A sagrada família*:

"Se os escritores socialistas atribuem ao proletariado esse papel mundial, isso não ocorre [...] porque considerem os proletários como deuses [...] Se o proletariado conquista a vitória, isto não significa, de modo algum, que se tenha convertido num absoluto, pois somente é vitorioso suprimindo-se a si mesmo e ao seu contrário" (Marx, 1971a: 51).

Em *A ideologia alemã*, ele e Engels afirmam:

"Os comunistas não pregam nenhuma moral genérica [...] Eles não propõem aos homens os imperativos morais: amai-vos uns aos outros, não sejam egoístas etc.; ao contrário, eles sabem perfeitamente que em determinadas situações tanto o egoísmo quanto a abnegação são formas necessárias para a afirmação dos indivíduos " (Marx, Engels, 1982: 112).

O principal problema dos movimentos orientados pela ética marxista foi o de não ter considerado, a partir de Marx, que existem específicas contradições nas formas de ser da moral e da ética na sociedade de classes e que elas não se transformam, naturalmente, apenas pela motivação política. Assim como Marx criticou as concepções éticas que consideram que a moral seja dada "por natureza",[47] tam-

---

47. Segundo Mészáros, "Marx ironiza os teólogos que procuram explicar a origem do mal pela queda do homem, isto é, na forma de uma suposição a-histórica. também zomba dos filósofos moralistas que não explicam as características conhecidas do comportamento humano em sua gênese histórica, mas simplesmente as atribuem à natureza humana, ou seja, os filósofos que supõem

bém não parece ser correto afirmar que ele tenha fornecido fundamentos para o entendimento de que a moral seja dada naturalmente pela condição de classe, pois isso seria o mesmo que afirmar que esta (a condição de classe) é um componente ontológico do ser social, enquanto, para Marx, é uma condição histórica a ser suprimida.

Para Marx, o homem não é bom nem mau, por natureza ou por condição de classe; ele não avalia os interesses de classe sob o ponto de vista moral. Mas isso não corresponde a uma "neutralidade científica"; inúmeras vezes ele denuncia a injustiça, a corrupção, a degradação moral, o despotismo odioso e mesquinho das relações sociais burguesas.[49] Explicitados, em geral, em suas obras juvenis, seus juízos de valor não foram eliminados de sua teoria, em sua fase de maturidade; no Prefácio à primeira edição de *O capital*, ele afirma:

> "Deixando de lado os motivos de índole nobre, o interesse mais egoísta impõe às classes dominantes que eliminem todos os obstáculos legalmente removíveis que estorvam o progresso da classe trabalhadora... Uma palavra para evitar

---

como dado a-priori e fixo aquilo que não são capazes de explicar... positivamente, o homem deve ser descrito em termos de suas necessidades e poderes. e ambos estão igualmente sujeitos a modificações e desenvolvimento. em conseqüência, não pode haver nada de fixo em relação a ele" (1981: 148).

49. Na *Miséria da filosofia*, por exemplo, ele concebe o trabalho alienado como uma "função degradante", no "sentido moral" (Marx, 1976: 126); em *O capital*, ele constata os resultados negativos do trabalho alienado, que se constitui em "tormento, escravatura, ignorância, brutalização e degradação moral" (Marx, 1980, I: 748). Salienta a exploração e a dominação inerentes às relações sociais burguesas: "(...) todos os meios para desenvolver a produção redundam em meios de dominar e explorar o produtor, mutilam o trabalhador, reduzindo-o a um fragmento de ser humano, degradam-no à categoria de peça de máquina, destroem o conteúdo de seu trabalho transformado em tormento... submetem-no a um despotismo odioso e mesquinho..." (Marx, 1980, I: 748). Ao desvendar alienação burguesa, em sua fragmentação da totalidade social, aponta para o significado das "virtudes" burguesas: "a economia nacional da moral é a riqueza em boa consciência, em virtude etc.... está fundada na essência da alienação que cada esfera me impõe um padrão diferente e oposto — a moral, um, a economia nacional, outro... a economia nacional apenas exprime a seu modo as leis morais" (Marx, 1993: 133-134).

possíveis equívocos; não foi róseo o colorido que dei às figuras do capitalista e do proprietário de terras. Mas, aqui, as pessoas só interessam na medida em que representam categorias econômicas, em que simbolizam relações de classe e interesses de classe" (Marx, 1980, I: 6).

Marx pôde apreender a natureza das mediações sócio-históricas, o que o diferencia das visões utópicas que — ao tratar a moral, não o trabalho, como categoria primária fundante do ser social — entendem que a estrutura capitalista pode ser transformada somente a partir de uma transformação moral. Da mesma forma, se opõe ao entendimento de que se possa eliminar o lado "mau" do capitalismo, porque sua visão dialética lhe possibilita compreender que os lados de uma oposição não são eliminados de forma unilateral[50] e que os próprios termos da oposição são alienantes.

Por isso, ele não supõe uma conciliação entre "bem" e "mal", nem tampouco a eliminação de um destes pólos, pois os fundamentos dos conflitos morais, tais como se dão no capitalismo, emergem, entre outros aspectos, da contradição entre as leis da economia e as normas morais; seus pressupostos, não podem ser conciliados nem eliminados, de modo radical, no âmbito desta sociedade.

Com base em sua ontologia, podemos afirmar que sua orientação de valor não se restringe à ideologia em seu sentido restrito, porque a ideologia, é representativa de uma classe social, enquanto os valores referem-se ao humano-genérico. Sua perspectiva de totalidade não permite que o ser social seja situado somente em sua condição de classe; por um lado, porque o desenvolvimento do humano-gené-

---

50. "Abolir, de forma definitiva, todos os elementos da alienação e reificação é coisa que só seria possível através da idealização de tais relações... não se podem dar garantias a priori para uma superação prática da alienação, já que as questões em jogo são, inerentemente históricas... nenhuma conquista sob esse aspecto (por mais radical e importante) pode ser considerada como uma 'aufhebung' (superação) absolutamente definitiva (permanente) de todas as formas possíveis de alienação" (Mészáros, 1981: 222 e 223).

rico é indissociável das relações objetivas nas quais os indivíduos dividem-se como classes; por outro, porque esta é uma forma particular, historicamente mutável; a superação das formas históricas da alienação burguesa — dentre elas a da divisão social de classes — supõe a superação desta condição limitada de existência.

Se a práxis permite uma suspensão dessa alienação, propiciando à classe se expressar como representante dos valores humano-genéricos, isso não é absoluto, sem contradições e conflitos.[51] Isto remete à consciência de classe,[52] que não é um bloco homogêneo e desenvolve-se num processo de interdeterminações recíprocas.[53] A não-consideração da determinação recíproca entre as dimensões da totalidade social e da autonomia relativa da consciência de classe revelou, historicamente, uma abordagem mecânica que tanto desdobrou-se no economicismo — que absolutiza as determinações econômicas —, como no voluntarismo — que atribui uma autonomia absoluta à consciência:

---

51. "Na concepção de Marx, a história é necessariamente aberta, por força da necessidade ontológica segundo a qual a teleologia humana automediadora é parte essencial da história; e não há, nem pode haver, modo de predeterminar as formas e modalidades da 'automediação humana' (cujas complexas condições teleológicas só podem ser satisfeitas no curso dessa própria automediação)" (Mészáros, 1981: 106 e 107).

52. O que equivale à consciência de classe para-si; como Heller explica: "É em-si aquela classe que, a respeito da sua função na divisão social do trabalho e por sua relação com os meios de produção, está simplesmente presente, considerando que a ordem econômica e social não existiria nem poderia existir sem seu ser-assim. Converte-se em classe para-si quando reconhece seu próprio ser-classe e os interesses conseqüentes" (Heller, 1977: 227).

53. "É uma mediação que particulariza os seres sociais que vivenciam condições de similitude em sua existência concreta, no mundo da produção e reprodução social. A consciência de uma classe é, pois, a articulação complexa, comportando identidades e heterogeneidades entre singularidades que vivem uma situação particular. Essa consciência do ser que trabalha é, portanto, uma processualidade, algo em movimento, em seu ir-sendo. Neste longo, complexo, tortuoso percurso, com idas e vindas, encontra-se ora mais próximo da imediaticidade, do seu ser-para-si-mesmo, da consciência contingente, ora mais próximo da consciência emancipadora, do seu ser-para-si-mesmo que vive como gênero." (Antunes, 1995: 117).

"A 'consciência de classe' não pode ser entendida, simplesmente, em termos de fatores organizacionais e ideológicos da esfera política, por mais importantes que elas possam ser. Isolar a questão da consciência de classe da problemática complexa a que objetivamente pertence só pode provocar o voluntarismo, o subjetivismo e o aventureirismo. De acordo com Marx, os dispositivos políticos, por si sós, não fazem qualquer sentido; pois os homens têm de mudar 'de cima a baixo' as condições de sua existência política e industrial e, conseqüentemente, 'toda a sua maneira de ser'" (Mészáros, 1993: 81).

O tratamento apriorístico da consciência de classe do proletariado, tendo em vista a derivação absoluta entre interesses de classe e moralidade, é incorreto, sob o ponto de vista da ontologia marxiana. Para Mészáros, uma interpretação ontológica das mediações possibilita compreender o interesse de classe como mediações de segunda ordem, negando, assim, a visão marxista que o concebe como fundamento dos valores. Nesse sentido, o valor, componente ontológico da sociabilidade, não é derivado do interesse, pois este corresponde ao que Mészáros chama de mediações de segunda ordem, historicamente mutáveis.

Sobre isto, Heller afirma que, assim,

"o interesse do proletariado consiste em libertar-se do poder do capital (e esse interesse se constitui em diversidade e contraposição), mas o proletariado não pode consegui-lo senão libertando simultaneamente ao resto da humanidade (o que transcende o mundo dos interesses)" (1975: 24).

Com essas considerações, não pretendemos afirmar que Marx não possa dar fundamentos a uma ética nem que a ética, na sociedade burguesa, não seja perpassada por interesses de classe, mas enfatizar a necessidade de apreender as mediações particulares entre as necessidades e interesses e a liberdade, fundamento do agir ético.

Por sua natureza teórico-prática revolucionária, a teoria de Marx revela a práxis transformadora na direção da supressão da sociedade burguesa, donde sua vinculação com os sujeitos prioritários desta superação: as classes trabalhadoras. O pensamento de Marx não é um saber desinteressado; é perpassado por um projeto político de classe, por juízos de valor, por uma projeção social que supõe a transformação revolucionária da ordem social burguesa, e tal posicionamento é por ele assumido plenamente. Ao valorar a realidade, indagando radicalmente sobre as possibilidades de sua transformação, interfere na consciência dos homens.

É a perspectiva ontológica contida em seu método crítico-dialético-materialista que lhe permite analisar a história como processo. Para Marx, a superação da alienação supõe a eliminação radical do complexo conjunto de mediações que engendram as relações sociais capitalistas; é uma superação de totalidade, o que o impede de tratar uma superação moral radical no âmbito das relações sociais burguesas. É pela apreensão das contradições que Marx pôde desvelar que, ao mesmo tempo e como pressuposto de sua existência, a sociedade capitalista reproduz a essência humana e sua negação. Esse movimento promove a possibilidade de um momento de negação da negação, que tende a superar, qualitativamente, as condições anteriores, repondo em novas bases os elementos positivos gerados anteriormente. O comunismo emerge como possibilidade de construção de uma nova sociabilidade.

Estas considerações reafirmam a necessidade de compreender o significado marxiano da superação, pois ele está vinculado à apreensão das possibilidades de uma ética fundada em Marx. Para ele, superar é conservar e elevar, a um nível superior, os elementos constitutivos do ser social. Em sua investigação, tal desvelamento implicou a apreensão da categoria da negatividade presente na realidade sóciohistórica não como algo exterior à práxis e sim, como categoria ontológico-social, ou seja, constitutiva do processo de desenvolvimento histórico do ser social.

Esse modo ontológico de investigar possibilitou a Marx apreender o *devir* como conjunto de possibilidades e tendências objetivas da sociedade burguesa. O proletariado emerge como negação da negatividade inerente às relações burguesas; a alienação do trabalho é, assim, o eixo fundante da apreensão da negatividade e o proletariado, por seu papel nesta sociedade, o sujeito capaz de negá-la. Este desvelamento, que não se sustentou em considerações apriorísticas, mas na compreensão da dinâmica interna do modo de ser do capitalismo, na natureza de suas contradições, permite compreender a coexistência contraditória entre a afirmação e a negação das potencialidades humanas.

A sociedade burguesa é compreendida como uma etapa histórica em que a universalização da produção e das capacidades humanas fornece as bases concretas para a criação de uma nova sociedade, que propicie uma ampliação da conexão consciente entre os indivíduos e sua genericidade, o que ele denomina como individualidade livre; ou seja, numa sociedade onde o livre desenvolvimento de cada um é condição do livre desenvolvimento de todos, em suas palavras: "A terceira etapa constitui a livre individualidade fundada no desenvolvimento universal dos homens e no domínio de sua produtividade social e coletiva, assim como de suas capacidades sociais" (Marx, 1971, I: 91).

Sua teoria tem uma função ideológica; trata-se de contribuir para o enfrentamento da luta de classes; as relações de dominação e exploração, as contradições e os conflitos vivenciados na vida cotidiana podem ser compreendidos em seus fundamentos objetivos, o que propicia um desvelamento do caráter histórico de tais condições, uma conexão consciente com a genericidade humana e uma práxis superadora. Ao mesmo tempo, tal desvelamento permite que as capacidades humanas sejam valorizadas como tal, isto é, as capacidades humanas construídas objetivamente tornam-se valores a ser (re)apropriados, donde a possibilidade de tornarem-se ideologia para uma classe.

Mas a teoria deve estar em contínua interação crítica com a prática, superando seus limites e equívocos. Em Marx, ela é radicalmente direcionada para a emancipação humana; a revolução, portanto, tem um sentido positivo para Marx, assim como o que, potencialmente, ela pode liberar: o trabalho como práxis positiva e emancipação humana. A humanização se coloca como critério ético fundamental; o homem, voltado à sua realização, vivida "como necessidade interior de uma totalidade de atividades vitais — decidirá que tipo de relações deve ser moralmente rejeitado na prática" (Mészáros, 1981: 166).

Assim, deriva-se uma normatividade da teoria da alienação — o trabalho, como práxis positiva é uma atividade de auto-realização quando se realiza como esse fim e não como meio para fins a ele estranhos; nas palavras de Marx, ao se referir à riqueza humana nos *Grundrisse*: o "desenvolvimento das forças produtivas humanas, ou seja, desenvolvimento da riqueza da natureza humana como um fim em si ..." (Marx, apud Heller, 1975: 29).

Mas esse processo é pleno de contradições, sem determinismos ou "final feliz";[54] a *aufhebung* tem o sentido de transformar a liberdade e a igualdade formais em realizações concretas; liberar o trabalho de sua forma alienada, de sua sujeição ao poder das coisas, de sua exterioridade em face dos indivíduos sociais.

Fica evidente que uma ética fundada em Marx tem um caráter revolucionário. Em termos da reflexão ética exige a criticidade radical e a perspectiva de totalidade; em termos de valores se apóia na liberdade e na emancipação humana. Praticamente, supõe um projeto societário de supressão da alienação, da exploração, das formas reificadas de viver moralmente. Essa ética, "logicamente só interessa àqueles que perseguem um objetivo que ultrapasse os quadros da ordem vigente" (Netto, 1991a: 18).

---

54. "Seria contra o espírito da concepção geral de Marx pretender resolver o problema da *aufhebung* (transcendência, superação) na forma utópica de uma idade de ouro. Na visão de Marx — que não pode reconhecer nada como absolutamente final — não pode haver lugar para uma idade do ouro utópica, nem iminente, nem a uma distância astronômica. Essa idade áurea seria o fim da história, e com isso o fim do próprio homem" (Mészáros, 1981: 218).

3.2.6. Os fundamentos ontológicos do Código de 1993

O processo de debates éticos que teve início em 1992, culminando com a aprovação do novo Código, um ano depois, foi marcado por um encaminhamento inédito na trajetória da reflexão ética profissional. Historicamente, é em função do Código de Ética que a categoria se mobiliza para tal discussão, o que já aponta para uma concepção restrita acerca da ética profissional; restrita à codificação formal, a ética deixa de ser tratada como tema do cotidiano e apreendida como relação entre as esferas e atividades sociais. Em 1992, o processo foi inverso; iniciando-se como reflexão sobre a ética, em geral, levou à questão da ética profissional e ao Código, como uma de suas dimensões.

Como fruto deste processo, em 1992, pela primeira vez na história dos Congressos Brasileiros, a questão ética passa a compor o conjunto de painéis temáticos no VII CBAS, em que verifica-se a ampliação do debate diversificado entre teses de fundamentação teórica, problematizações sobre a prática profissional, denúncias éticas em face das condições do trabalho profissional e propostas de enfrentamento da questão ética no interior da formação profissional.[55] As publicações da revista *Serviço Social & Sociedade*, cuja repercussão na categoria profissional é nacionalmente reconhecida, passam a contar com inúmeros ensaios sobre a questão ética, numa abordagem plural e totalizante.

A revisão do Código de 1986 teve como pressuposto a consolidação do projeto profissional nele evidenciado, numa perspectiva superadora, ou seja, de garantir suas conquistas e ao mesmo tempo superar suas debilidades.

---

55. Cabe assinalar a importante participação de estudantes no painel de ética (VII e VIII CBAS), revelando a preocupação com a questão ética na formação e na prática profissional: (Brites et alii), (Mesquita), (Guimarães). As comunicações e debates efetuados no processo de revisão do Código de Ética, nos anos 1990, estão publicados em Bonetti et alii (1996). Os demais, no caderno de comunicações do VIII CBAS (CFESS, 1995).

Entendeu-se, sobretudo, a necessidade de estabelecer uma codificação ética que desse concretude ao compromisso profissional, de modo a explicitar a dimensão ética da prática profissional, afirmar seus valores e princípios e operacionalizá-la objetivamente em termos de direitos e deveres éticos. Neste sentido, o recurso à ontologia social permitiu decodificar eticamente o compromisso com as classes trabalhadoras, apontando para a sua especificidade no espaço de um Código de Ética: o compromisso com valores ético-políticos emancipadores referidos à conquista da liberdade.[56]

O Código é situado como parte do processo de renovação profissional, no contexto da "luta dos setores democráticos contra a ditadura, e em seguida, pela consolidação das liberdades políticas", com destaque para a "ordenação jurídica consagrada na Constituição de 1988" (CFESS, 1993: 9). A mudança do Código é assim revelada, em suas determinações conjunturais, desencadeadas a partir dos anos 1980, no processo de redemocratização da sociedade brasileira: " valores e práticas até então secundarizados (a defesa dos direitos civis, o reconhecimento positivo das peculiaridades individuais e sociais, o respeito à diversidade etc.) adquiriram novos estatutos, adensando o elenco de reivindicações da cidadania" (idem).

O rebatimento dessas determinações no Serviço Social é assim situado: "particularmente para as categorias profissionais, esta experiência ressituou as questões do seu compromisso ético-político e da avaliação da qualidade de seus serviços" (idem, ibidem). São assinaladas as conquistas profissionais dadas pelo acúmulo teórico-prático que, no âmbito da reflexão e da normatização ética, se materializaram no Código de 1986: "a negação da base filosófica tradicional, nitidamente conservadora, que norteava a ética da 'neutralidade', e afirmação de um novo perfil técni-

---

56. Uma análise detalhada dos valores e princípios do novo Código encontra-se em Paiva & Sales (in Bonetti et alii, orgs., 1996).

co, não mais um agente subalterno e apenas executivo, mas um profissional competente teórica, técnica e politicamente" (idem, ibidem).

Ao explicitar sua inserção no processo de ruptura com o Serviço Social tradicional, o Código remete à construção de um projeto profissional vinculado a um projeto social radicalmente democrático "compromissado com os interesses históricos da massa da população trabalhadora" (idem, ibidem).

Sua base de fundamentação, buscada na ontologia social marxiana, é assim colocada:

"A revisão a que se procedeu, compatível com o espírito do texto de 1986, partiu da compreensão de que a ética deve ter como suporte uma ontologia do ser social: os valores são determinações da prática social, resultantes da atividade criadora tipificada no processo de trabalho. É mediante o processo de trabalho que o ser social se constitui, se instaura como distinto do ser natural, dispondo de capacidade teleológica, projetiva, consciente; é por esta socialização que ele se põe como ser capaz de liberdade" (idem: 10).

Ao indicar a centralidade do trabalho na (re)produção da vida social, o Código revela a base objetiva de constituição das ações ético-morais: as capacidades que, desenvolvidas a partir da práxis, objetivam a sociabilidade, a consciência, a liberdade e a universalidade do ser humano-genérico. Em função dessas capacidades objetivas explicitam-se os valores éticos fundamentais: liberdade, eqüidade e justiça social, articulando-os à democracia, à cidadania.

A defesa da liberdade, da justiça social, da democracia e da cidadania pode levar a falsas interpretações: a idéia de que o Código remete aos valores liberais burgueses. De fato, tais valores, na sociedade moderna, são afirmados pela burguesia revolucionária, com base nas teorias e filosofias que, no período que antecede à Revolução Francesa, fornecem as bases teóricas para a defesa da sociedade burguesa, como formação social capaz de levar à emancipação do indivíduo.

A ideologia liberal origina-se da teoria liberal clássica, inscrita no pensamento político moderno que, como expressão de uma sociedade em que o trabalho e a liberdade surgem como valores imanentes, tende a conceber a sociedade como uma associação de indivíduos livres e iguais que se relacionam entre si como proprietários de si mesmos. O homem é tratado como portador de direitos naturais anteriores à sua sociabilidade, entre eles o direito à propriedade e à liberdade.

Porém, ainda que o liberalismo considere a igualdade como direito natural, isso significa igualdade perante a lei e em face da racionalidade: capacidade natural de todos. Liberdade, igualdade e propriedade são direitos naturais que devem ser garantidos legalmente através do contrato em que as partes são juridicamente iguais e livres para aceitá-lo ou não. A sociedade política deve assegurar que todos tenham direito de desenvolver igualmente seus talentos e capacidades — isso quer dizer: cada qual chegará ao máximo do que é capaz. Neste sentido, a desigualdade social é justificada segundo o princípio de que o nível de riqueza será diferenciado segundo o esforço e as capacidades de cada um.

A liberdade adquire, então, um sentido preciso: direito natural de todos (por isso assegurada formalmente para todos); será, no entanto, diferenciada conforme a diversidade dos talentos e de acordo com o esforço individual para ascender socialmente. Neste contexto, também a necessidade adquire um sentido diferente para cada indivíduo: os homens são indivíduos com necessidades que precisam ser satisfeitas; todos têm direito à liberdade e a propriedade é uma forma de obtê-la; o trabalho é o meio de efetivação desse direito à posse individual de bens, exigência natural e ética. Entretanto, todos não terão as mesmas necessidades; ou seja, será necessário para cada um o que corresponder às suas capacidades e esforços. A propriedade, portanto, é uma necessidade que varia segundo características individuais e subjetivas, uma vez que se considera que todos terão igualdade de oportunidades para o trabalho.

Por estas características, a liberdade defendida pelo liberalismo supõe a desigualdade; vincula a posse de bens materiais à felicidade, numa sociedade fundada na propriedade privada dos meios de produção e do trabalho. Como a propriedade não é acessível a todos, mas é desejada em termos de valor, as causas de tal situação histórica são explicadas em termos da vontade pessoal, dos talentos e esforços dos indivíduos. As contradições do pensamento político moderno e da teoria liberal clássica só podem, assim, ser esclarecidas em função de suas possibilidades históricas.

Com o desenvolvimento da sociedade burguesa e a ampliação da alienação, igualdade e liberdade tornam-se valores universais abstratos que se configuram como valores positivos — porque representam conquistas históricas —, mas não podem realizar-se, de fato, para o conjunto da sociedade. No momento em que os trabalhadores tomam consciência dos limites objetivos à liberdade, ela passa a se configurar como valor ético-político central para os movimentos revolucionários que buscam construir uma nova sociedade, em que os valores universais abstratos possam se concretizar universalmente.

O Código, coerente com sua fundamentação, explicitou sua diferencialidade em face do discurso liberal, ao afirmar a eqüidade e a democracia como valores éticopolíticos.

A democracia é tratada como padrão de organização política capaz de favorecer a "ultrapassagem das limitações reais que a ordem burguesa impõe ao desenvolvimento pleno da cidadania, dos direitos e garantias individuais e sociais e das tendências à autonomia e à autogestão social" (idem), resgatando a concepção marxiana presente no pensamento socialista revolucionário. Como aponta Netto: "a questão da democracia aparece sempre diretamente relacionada não só com a liquidação do sistema capitalista como, com igual ênfase, com a transição socialista" (Netto, 1990: 79).

A defesa da equidade explicita os limites da liberdade burguesa; imcompatível com a igualdade, a justiça social e a cidadania plena, pois a cidadania burguesa, no âmbito da democracia liberal, é suporte para a desigualdade.

Mas a diferencialidade do Código, em relação ao discurso liberal, não se efetua apenas pela defesa de valores e pela sua articulação com a ultrapassagem da ordem burguesa. Compatível, sobretudo, com as conquistas do Código anterior, ele assinala a direção sócio-histórica da ultrapassagem, explicitando sua vinculação com o ideário socialista:

> "Essa concepção já contém, em si mesma, uma projeção de sociedade — aquela em que se propicie aos trabalhadores um pleno desenvolvimento para a invenção e vivência de novos valores, o que, evidentemente, supõe a erradicação de todos os processos de exploração, opressão e alienação" (CFESS, 1993: 10).

Com essa fundamentação, o Código se opõe não apenas ao liberalismo, mas, também, ao humanismo cristão tradicional e ao marxismo anti-humanista. Ao humanismo cristão porque não concebe uma ética essencialista, dada por uma essência transcendental e predeterminada à história; ao liberalismo porque não naturaliza os valores universais nem os concebe como possibilidade objetiva universal, na ordem burguesa. Supera o marxismo anti-humanista porque repõe a ética no interior da práxis.

Ao mesmo tempo, ao supor as categorias do método crítico dialético, como a totalidade, por exemplo, propicia uma base de fundamentação necessária ao debate "pósmoderno",[57] que tende a negar tais categorias. Com isso,

---

57. Não cabe aqui uma discussão acerca dela mesma. É ampla a produção crítica sobre a pós-modernidade; remetemos a dois autores fundamentais: Harvey (1993) e Jameson (1996).

torna-se claro que a fundamentação do Código de 1993 apresenta-se como um alvo não apenas para os setores tradicionalmente conservadores, mas ainda para os setores profissionais vinculados ao pós-modernismo (Netto, 1996). Coerente com seus fundamentos, o Código trata de dimensão prático-operativa, tendo por eixo a defesa e a universalização dos direitos sociais e de mecanismos democráticos de regulação social. São precisamente estes os elementos centrais da ofensiva conservadora que, sob a elástica denominação de neoliberalismo, busca uma nova legitimação para a dinâmica do "capitalismo tardio" (Mandel, 1982).

Traduzindo seus valores e princípios para a particularidade do compromisso profissional, o Código aponta para as determinações da competência ético-política profissional; ela não depende somente de uma vontade política e da adesão a valores, mas da capacidade de torná-los concretos, donde sua identificação como unidade entre as dimensões ética, política, intelectual e prática, na direção da prestação de serviços sociais.

Quanto à qualidade destes serviços, o Código traz algumas inovações que mostram seu avanço em face de questões por nós evidenciadas: o pluralismo e a recusa do preconceito e da discriminação. Ao se manifestar a favor da "eliminação de todas as formas de preconceito, incentivando o respeito à diversidade, à participação de grupos socialmente discriminados e à discussão das diferenças no exercício profissional, sem ser discriminado, nem discriminar, por questões de inserção de classe social, gênero, etnia, religião, nacionalidade, opção sexual, idade e condição física" (CFESS, 1993: 11), o Código é inovador, abordando questões fundamentais à superação do moralismo.

Ao mesmo tempo, enfrenta-se o dogmatismo, ao defender a tolerância, concebida como respeito à diversidade. Isto, porém, não significa a reatualização da histórica "neutralidade" profissional, mas a coerência com o princípio democrático que rege a ética profissional. O Código seria incoerente se afirmasse a não-discriminação e negasse o pluralismo; contudo, também seria contraditório, se defendesse a liberdade e apoiasse todas as perspectivas ético-políticas existentes. Nesse sentido, o pluralismo tem um campo definido: todas as forças sociais que apóiam a liberdade e a democracia, o que descarta o compromisso com o autoritarismo, o fascismo, o conservadorismo, enfim, com as propostas negadoras da liberdade. Por isto, ao defender o pluralismo, o Código refere-se "às correntes profissionais democráticas existentes" (CFESS, 1993: 11).

A partir de 1993, o Código de Ética passa a ser uma das referências dos encaminhamentos práticos e do posicionamento político dos assistentes sociais em face da política neoliberal e de seus desdobramentos para o conjunto dos trabalhadores. É nesse contexto que o projeto profissional de ruptura começa a ser definido como projeto ético-político referendado nas conquistas dos dois Códigos (1986 e 1993), nas revisões curriculares de 1982 e 1996 e no conjunto de seus avanços teórico-práticos construídos no processo de renovação profissional, a partir da década de 60.

Com isso, o Código contribui para o processo contraditório de construção de uma nova moralidade profissional direcionada socialmente para a ruptura com o conservadorismo e para a construção de uma nova cultura profissional democrática que colide com a hegemonia política do capital; uma direção estratégica, como assinala Netto:

> "[...] o rompimento com o conservadorismo engendrou uma cultura profissional muito diferenciada, prenhe de diversidades, mas que acabou, ao longo da década de oitenta e na entrada dos noventa, por gestar e formular uma direção social que colide com a hegemonia política que o grande capital pretende construir (e que vem ganhando corpo desde a última eleição presidencial) — direção suficientemente explicitada no Código de Ética Profissional em vigência desde março de 1993 [...]" (Netto, 1996: 116).

Tais avanços permitem situar o atual Código de Ética como uma expressão significativa do acúmulo profissional dos anos 1980 e dos avanços teórico-políticos conquistados na seqüência do Código de 1986, assinalando um novo e sólido patamar na trajetória do Serviço Social no Brasil. Como buscamos deixar claro no decorrer da nossa reflexão, a elaboração deste Código implicou um processo coletivo de debates e reflexões que lhe confere uma inegável legitimidade em face do conjunto dos assistentes sociais. Isto, porém, não significa a ausência de contradições, tensões e, até mesmo, antagonismos; não assenta numa espécie de "identidade profissional" (ou sócio-profissional) homogênea e sim, na hegemonia, no âmbito profissional, da vertente teórico-metodológica que, como sugerimos, veio se fortalecendo no Brasil nas duas últimas décadas, e que denominamos de tendência de ruptura.

A afirmação desta hegemonia (que não se efetivou sem confrontos), que teve sua expressão inicial, no terreno da ética, no código de 1986, e que se concretizou mais coerente e particularmente no Código de 1993, não quer dizer que no espaço específico da ética profissional a problemática dos valores esteja "resolvida". Neste sentido, consideramos que o cenário em que se inscreve o processo de legitimação do projeto profissional conectado ao Código de 1993 é pleno de conflitos e desafios; seja em sua fundamentação teórico-filosófica, seja na sua dimensão prática, opera abertamente na contracorrente da conjuntura.

Se tais considerações são pertinentes, não parece ser descabido sugerir que tudo aquilo que o Código de 1993 representa está longe de significar uma hegemonia indiscutível. Assim, entendemos que se ampliaram as bases para uma reflexão que, situada na sua perspectiva crítica, possibilita o enfrentamento de dilemas e opções, em face dos quais as polêmicas continuarão em aberto, determinando ou não a reatualização da hegemonia conquistada.

Porém, se os valores eticamente legitimados expressam conquistas sócio-históricas essenciais, sua permanência ou "perda" é sempre relativa e não depende somente da categoria profissional, mas do conjunto das forças sociais democrático-populares. Sendo assim, a hegemonia que este Código sinaliza vincula-se à sua capacidade teórico-prática de responder positivamente a tais desafios; com isso, a ética — componente básico, mas não exclusivo, de um projeto profissional — terá contribuído para concretizar a superação do histórico conservadorismo do Serviço Social.

BIBLIOGRAFIA

ABAS (Associação Brasileira de Assistentes Sociais). *Código de Ética Profissional*, 1948.

ABBAGNANO, N. *História da filosofia*. Lisboa, Presença, 1976, v. I.

_____. *História da filosofia*. Lisboa, Presença, 1984, v. VII.

ABESS. *Projeto de investigação: a formação profissional do assistente social no Brasil — determinantes históricos e perspectivas*, 1984.

ABRAMIDES, M. B. C. & CABRAL, M. S. R. *O novo sindicalismo e o Serviço Social.* São Paulo, Cortez, 1995.

AGUIAR, A. G. A filosofia no currículo de Serviço Social. *Revista Serviço Social & Sociedade*, nº 15. São Paulo, Cortez, 1984.

ALIMONDA, H. *Mariátegui.* São Paulo, Brasiliense, 1983. (Série Encontro Radical, 36.)

ALMEIDA, A. A. *Possibilidades e limites da teoria do Serviço Social.* Rio de Janeiro, Francisco Alves, 1980.

ALVES, M. M. *68 mudou o mundo.* Rio de Janeiro, Nova Fronteira, 1993.

AMMANN, S. B. *Ideologia do desenvolvimento de comunidade no Brasil.* São Paulo, Cortez, 1991.

ANAS. *O Serviço Social nas relações sociais: Movimentos e alternativas de políticas sociais.* São Paulo, Cortez, 1991.

_____. Serviço Social: as respostas da categoria aos desafios conjunturais (VI CBAS. Congresso Chico Mendes), São Paulo, Cortez, 1991.

ANDERSON, P. *Considerações sobre o marxismo ocidental.* São Paulo, Brasiliense, 1983.

ANDREUCCI, F. "A difusão e a vulgarização do marxismo". In: HOBSBAWM, E. (org.). *História do marxismo na época da Segunda Internacional* (primeira parte) 2ª ed. Rio de Janeiro, Paz e Terra, 1985.

ANTUNES, R. *Adeus ao trabalho? — Ensaio sobre as metamorfoses e a centralidade do mundo do trabalho*. São Paulo/Campinas, Cortez/Editora da Universidade Estadual de Campinas. 1995.

_____. & REGO, W. D. L. (orgs.). *Lukács. Um galileu no século XX*. São Paulo, Boitempo, 1996.

AQUINO, T. *Os pensadores*. São Paulo, Nova Cultural, 1988.

ARATO, A. "A antinomia do marxismo clássico: marxismo e filosofia". In: Hobsbawm, E. (org.). *História do marxismo IV: o marxismo na época da Segunda Internacional*. Rio de Janeiro, Paz e Terra, 1984.

ARATO, A. & BRUNES, P. *El joven Lucás y los origenes del marxismo occidental*. México, Fondo de Cultura, 1986.

ARISTÓTELES. Ética a Nicômaco. *Os pensadores*. São Paulo, Abril, 1979.

ASH, W. *Marxismo e moral*. Rio de Janeiro, Zahar, 1965.

AZZI, R. "Família e valores no pensamento brasileiro". In: RIBEIRO, I. (org.). *Sociedade brasileira contemporânea — família e valores*. São Paulo, Loyola, 1987.

BARROCO, M. L. S. Ética Profissional. In: TOFIK, D. S. & LEITE, R. S. C. (orgs.). *Questões políticas, sociais e metodológicas*. São Paulo, Faculdade de Serviço Social, PUC-SP, Conselho Regional de Assistentes Sociais 9, Região e Sindicato dos Assistentes Sociais de São Paulo, 1986.

_____. O novo Código de Ética profissional do assistente social. *Serviço Social & Sociedade*, nº 41. São Paulo, Cortez, 1993.

_____. "Os fundamentos sócio-históricos da ética". In: *Capacitação em Serviço Social e política social: reprodução social, trabalho e Serviço Social*. Módulo 2. Brasília, CEAD/UNB/CFESS/ABEPSS, 1999.

_____. *Ética e sociedade (Curso de capacitação ética para agentes multiplicadores)*. Brasilia, Conselho Federal de Serviço Social, 2000.

_____. & BRITES, C. A centralidade da ética no currículo de Serviço Social. *Temporalis*, v. 1, nº 2. Brasília, Associação Brasileira de Ensino e Pesquisa em Serviço Social, 2000.

_____. & KARMANN, L. A instituição Serviço Social no contexto de luta pela hegemonia. In: *Serviço Social & Sociedade*, nº 11. São Paulo, Cortez, 1982.

BARROCO, M. L. S. & KARMANN, L. *A ação educativa do Serviço Social: repensando sua história, criando alternativas*. TCC, PUC-SP, 1982 (mimeo).

BEAUVOIR, S. *O pensamento da direita hoje*. Rio de Janeiro, Paz e Terra. (Série rumos da cultura moderna, 4.)

BERMUDO, J. M. *El concepto de praxis en el joven Marx*. Barcelona, Península, 1975. (Série História, Ciência, Sociedad, 120.)

BONETTI, D. A. et al. (org.). *Serviço social e ética: convite a uma nova práxis*. São Paulo, Cortez, CFESS, 1996.

BORGE, T. Os pioneiros do marxismo na América Latina. *Ensaio*, 15, 16. São Paulo, 1986.

_____. O homem novo na Nicarágua. In: *Formação política básica; textos de apoio*. São Paulo, FNN, 1989.

BORNHEIM, G. A. *Introdução ao filosofar*. Porto Alegre, Globo, 1969.

_____. *Dialética: teoria, práxis. Ensaio para uma crítica da fundamentação ontológica da dialética*. Porto Alegre/São Paulo, Globo/Editora da Universidade de São Paulo, 1983.

BRITES, C. M. et al. "A importância da reflexão ética na formação profissional do serviço social". In: BONETTI, D. A. et al. (orgs.). *Serviço Social e Ética*, idem 1996.

BRITES, C. M. & SALES, M. A. *Ética e práxis profissional (Curso de capacitação ética para agentes multiplicadores)*. Brasília, Conselho Federal de Serviço Social, 2000.

CARVALHO, R. R. *Positivismo e Serviço Social*. Rio de Janeiro, Universidade Federal do Rio de Janeiro, 1990. Tese de Mestrado.

CASTRO, M. M. *História do Serviço Social na América Latina*. São Paulo, Cortez, 1984.

CBCISS (Centro Brasileiro de Cooperação e Intercâmbio de Serviços Sociais). "Documento de Araxá". *Debates Sociais*, nº 04, Rio de Janeiro, CBCISS, 1967.

CFAS (Conselho Federal de Assistentes Sociais). *Código de Ética Profissional do Assistente Social*, 1965.

_____. *Código de Ética Profissional do Assistente Social*, 1975.

_____. *Código de Ética Profissional do Assistente Social*, 1986.

CFESS (Conselho Federal de Serviço Social). *Código de Ética Profissional do Assistente Social*, 1993.

CFESS. *Caderno de Comunicações — Painéis Temáticos e Moções* (VIII CBAS). Brasília, CFESS, 1995.

CHAUÍ, M. *O que é ideologia*. São Paulo, Brasiliense, 1980. (Coleção primeiros passos.)

CHAUÍ, M. Kant, vida e obra. *Os pensadores*. São Paulo, Abril, 1980a.

COMTE, A. "Catecismo positivista". In: *Comte — Durkheim*. São Paulo, Abril, 1993. (Coleção os Pensadores.)

CORREIA, C. P. D. "O papel da ética na construção do projeto político-profissional do assistente social". In: *Serviço Social & Sociedade*, nº 40, São Paulo, Cortez, 1992.

COSTA, L. F. A. *Ética e serviço social*, Fortaleza, CRESS, 1994.

COUTINHO, C. N. *O estruturalismo e a miséria da razão*. Rio de Janeiro, Paz e Terra, 1972. (Série Rumos da Cultura Moderna, 48.)

_____. A escola de Frankfurt e a cultura brasileira. *Presença*, nº 07, 1986.

_____. *Marxismo e política: a dualidade de poderes e outros ensaios*. São Paulo, Cortez, 1994.

_____. "Lukács, a ontologia e a política". In: ANTUNES, R. & REGO, W. L. *Lukács. Um Galileu no século XX*. São Paulo, Ed. Associados, 1996.

DELGADO, M. B. G. *A organização das mulheres na central única dos trabalhadores: a comissão nacional sobre a mulher trabalhadora*. Dissertação de Mestrado, São Paulo, PUC, 1995 (mimeo).

DOSSE, F. *História do estruturalismo I. O Campo do Signo* — 1945-1966, São Paulo, Ensaio, Editora da UNESP, 1993.

ENGELS, F. *Esquisse d'une Critique de L' Economie Politique*. Paris, Aubier, 1974.

_____. *Anti-Duhring*. Rio de Janeiro, Paz e Terra, 1990. (Coleção Pensamento Crítico, 9.)

FALEIROS, V. de P. *Metodologia e ideologia do Trabalho Social*. São Paulo, Cortez, 1981.

_____. "Confrontos teóricos do movimento de reconceituação do Serviço Social na América Latina". *Serviço Social & sociedade*, nº 24. São Paulo, Cortez, 1987.

FERNANDES, F. Lenin: introdução. In: FERNANDES, F. (org.). *Lenin: política*. São Paulo, Ótica, 1989. (Coleção Grandes Cientistas Sociais, 5.)

FERREIRA, M. L. *A teoria marxiana do valor-trabalho*. São Paulo, Ensaio, 1992. (Cadernos Ensaio-pequeno formato, IX.)

FERRY, L. & RENAUT, A. *Pensamento 68; ensaio sobre o anti-humanismo contemporâneo*. São Paulo, Ensaio, 1988.

FETCHER, I. *Karl Marx e os marxismos*. Rio de Janeiro, Paz e Terra, 1970.

FORTI, V.L. "Considerações sobre ética e identidade". In: *Serviço Social & Sociedade*, nº 39. São Paulo, Cortez, 1992.

FREDERICO, C. *Teoria social e possibilidades estéticas (Origens da ontologia marxiana: 1843-1844)*. São Paulo, Universidade de São Paulo. 1992. Tese de Livre-Docência.

_____. *O jovem Marx (1843-1844: as origens da ontologia do ser social)*. São Paulo, Cortez, 1995.

_____. *Lukács, um clássico do Século XX*. São Paulo, Moderna (coleção LOGOS), 1997.

GERMANO, R. M. *A ética e o ensino de ética na enfermagem do Brasil*. São Paulo, Cortez, 1993.

GORENDER, J. *Combate nas trevas. A esquerda brasileira: das ilusões perdidas à luta armada*. São Paulo, Ática, 1987. (Série temas, 3.)

GOULD, C. C. *Ontologia social de Marx: individualidad y comunidad en la teoria marxiana de la realidade social*. México, Fondo de Cultura Econômica, 1983.

GOULDNER, A. *La crisis de la sociologia occidental*. Buenos Aires, Amorrortu, 1970.

GRAZZIOZI, L. *Códigos de Ética del Servicio Social*. Buenos Aires, Humanitas, 1977.

GUERRA, Y. *A instrumentalidade do Serviço Social*. São Paulo, Cortez, 1995.

GUERRATANZ, V. "Stalin, Lênin e o marxismo leninismo". In: HOBSBAWM, E. (org.). *História do Marxismo na época da Terceira Internacional*. Rio de Janeiro, Paz e Terra, 1987.

GUEVARA, E. O socialismo e o homem em Cuba. *O socialismo humanista*. Introdução de Emir Sader. Petrópolis, Vozes, 1989.

HARNECKER, M. & URIBE, G. *Monopólios e miséria. Cadernos de Educação Popular nº 3*. São Paulo, Global, 1980.

HARVEY, D. *Condição pós-moderna*. São Paulo, Loyola, 1993.

HECKERT, S. M. R. *Identidade e mulher no Serviço Social*. Rio de Janeiro, UFRJ, 1989. Tese de Mestrado.

HEGEL, G. F. W. F. São Paulo, Abril. (Col. Os pensadores.)

HELLER, A. *O quotidiano e a história*. Rio de Janeiro, Paz e Terra, 1972. (Série Interpretações da História do homem, 2.)

_____. *Hipótesis para una teoria marxista de los valores*. Barcelona, Grijalbo, 1975. (Série hipótesis.)

_____. *Sociologia de la vida cotidiana*. Barcelona, Península, 1977. (Série História, Ciência, Sociedade, 144.)

HELLER, A. *La teoria de las necessidades en Marx*. Barcelona, Ediciones 62, 1978.

_____. *O homem do renascimento*. Lisboa, Presença, 1982.

_____. *A filosofia radical*. São Paulo, Brasiliense, 1983.

_____. "A herança da ética marxista". In: HOBSBAWM, E. (org.). *História do marxismo*. Rio de Janeiro, Paz e Terra, 1989, 2ª parte, v. 12.

HEYLEN, V. *Código moral do Serviço Social*. São Paulo, Herder, 1962.

HOBSBAWM, E. *A era das revoluções (1789-1848)*. Rio de Janeiro, Paz e Terra, 1981.

_____. (org.). *História do marxismo*. Rio de Janeiro, Paz e Terra, 1984, 3ª parte, v. 4.

_____. (org.). *História do marxismo*. Rio de Janeiro, Paz e Terra, 1985, 1ª parte, v. 2.

_____. (org.). *História do marxismo*. Rio de Janeiro, Paz e Terra, 1986, 2ª parte, v. 3.

_____. (org.). *História do marxismo IX: o marxismo na época da Terceira Internacional*. Rio de Janeiro, Paz e Terra, 1987.

_____. *A era dos extremos — o breve século XX (1914-1991)*. São Paulo, Companhia das Letras, 1995.

HOLLANDA, H. B. *Impressões de viagem (CPC, vanguarda e desbunde: 1960/70)*. São Paulo, Brasiliense, 1980.

HOLZ, H. H. et alii. *Conversando com Lukács*. Madrid, Alianza Editorial, 1971.

IAMAMOTO, M. V. & CARVALHO, R. *Relações sociais e Serviço Social no Brasil*. São Paulo, Cortez, 1982.

IAMAMOTO, M. V. Legitimidade e crise do Serviço Social. Dissertação de mestrado. PUC-SP, 1981 (Mimeo).

_____. *Renovação e conservadorismo no Serviço Social*. São Paulo, Cortez, 1992.

_____. *O Serviço Social na contemporaneidade: trabalho e formação profissional*. São Paulo, Cortez, 1998.

IANNI, O. *Imperialismo na América Latina*. Rio de Janeiro, Civilização Brasileira, 1974. (Coleção documentos da história comtemporânea, 58.)

_____. Imperialismo e cultura. *Ensaio*, nº 14. São Paulo, 1985.

ILADES (Instituto Latinoamericano de Doctrina y Estudos Sociales). *O aspecto social em Puebla*. São Paulo, Loyola, 1980.

ISRAEL, J. *Teoría de la alienación*. Barcelona, Península, 1977. (Série História, Ciência, Sociedade, 142.)

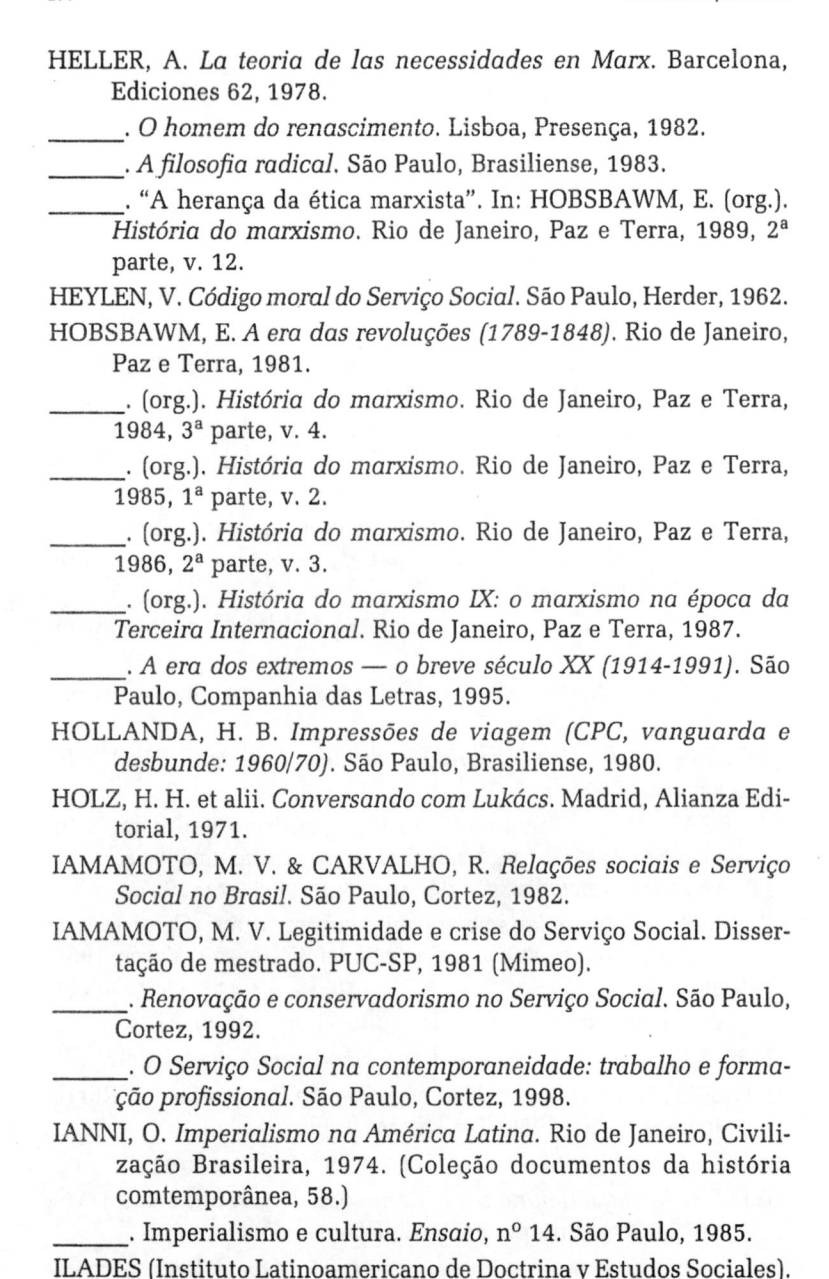

JAMESON, F. *Pós-modernismo. A lógica cultural do capitalismo tardio*. São Paulo, Ática, 1996.

JORGE FILHO, E. J. *Moral e história em John Locke*. São Paulo, Loyola, 1992. (Série Filosofia, 20.)

KANT, I. *Fundamentação da metafísica dos costumes* (1785). *Os pensadores*. São Paulo, Abril, 1980.

KISNERMAN, N. *Ética para o Serviço Social*. Petrópolis, Vozes, 1983.

KOIKE, M. M. S. Notas sobre ética profissional do Assistente Social. *Serviço Social & sociedade*, n° 43. São Paulo, Cortez, 1993

KOLLONTAI, A. *A nova mulher e a moral sexual*. São Paulo, Global, 1979. (Coleção Bases, 6.)

_____. *Marxismo e revolução sexual*. Lisboa, Estampa, 1981. (Coleção Praxis, 49.)

KONDER, L. *Lukács*. Porto Alegre, L&PM, 1980. (Coleção Fontes de Pensamento Político, 1.)

KOSIK, K. *Dialética do concreto*. Rio de Janeiro, Paz e Terra, 1969.

KUENZER, A. Z. *Pedagogia da fábrica: as relações de produção e a educação do trabalhador*. São Paulo, Cortez, Autores Associados, 1986.

LA PORTA, L. Ética e política: Gramsci crítico de Kant. *Crítica marxista*, n° 2, ano 28. Roma, Riunitii, mar.-abr. 1990.

LACROIX, J. *Marxismo, existencialismo, personalismo*. Rio de Janeiro, Paz e Terra, 1972.

_____. *O personalismo como antiideologia*. Porto, Rés, 1997.

LEÃO XIII. *Encíclica Rerum Novarum*. Rio de Janeiro, Vozes, 1985.

LEFÈBVRE, H. *Metafilosofia*. Rio de Janeiro, Paz e Terra, 1965.

LENIN. Lenin: política. In: FERNANDES, F. (org.). São Paulo, Ática, 1989. (Coleção Grandes Cientistas Sociais, 5.)

_____. *O esquerdismo, doença infantil do comunismo*. São Paulo, Mandacaru, 1990.

LESBAUPIN, I. (org.). *Igreja — movimentos populares — política no Brasil*. São Paulo, Loyola, 1983. (Seminários especiais: Centro João XXIII.)

LESSA, S. *Sociabilidade e individuação*. Maceió, Edufal, 1995.

_____. *A ontologia de Lukács*. Maceió, Edufal, 1996.

_____. *Trabalho e ser social*. Maceió, UFC/Edufal, 1998.

LIMA, A. A. *A família no mundo moderno*. Rio de Janeiro, AGIR, 1969. (Coleção ensaios, 5.)

LIMA, M. H. de A. Ética e política no Serviço Social: um tema e um problema. In: Serviço Social & Sociedade, nº 45, São Paulo, Cortez, 1994.

LÖWY, M. Para uma sociologia dos intelectuais revolucionários. São Paulo, LECH, 1979. (Coleção História e Política, 13.)

_____. As aventuras de Karl Marx contra o barão de Munchausen: marxismo e positivismo na sociologia do conhecimento. São Paulo, Busca Vida, 1987.

_____. A crítica romântica da civilização capitalista e sua relação com a cultura católica. Serviço Social & Sociedade, nº 28. São Paulo, Cortez, 1988.

_____. Marxismo e cristianismo na América Latina. Lua Nova, nº 19. São Paulo, 1989.

_____. Romantismo e messianismo: ensaios sobre Lukács e Benjamin. São Paulo, Perspectiva/Ed. Universidade de São Paulo, 1990. (Coleção Debates, 234.)

_____. Marxismo e Teologia da Libertação. São Paulo, Cortez, 1991. (Coleção Polêmicas do Nosso Tempo, 39.)

_____. Romantismo e política. Rio de Janeiro, Paz e Terra, 1993.

_____. Revolta e melancolia: o romantismo na contramão da modernidade. Rio de Janeiro, Vozes, 1995.

_____. O pensamento de Che Guevara. São Paulo, Ed. Expressão Popular, 2000.

_____. & SAYRE, R. Romantismo e política. Rio de Janeiro, Paz e Terra, 1993.

LOZANO, G. V. Gramsci e a América Latina. Ensaio, 17, 18. São Paulo, Ensaio, 1989.

LUKÁCS, G. História e consciência de classe (estudos sobre a dialética marxista). Porto, Publicações Escorpião, 1974. (Biblioteca Ciência e Sociedad, 11.)

_____. As bases ontológicas da atividade humana. Temas, nº 4. São Paulo, Livraria Editora Ciências Humanas, 1978.

_____. Introdução a uma estética marxista. Rio de Janeiro, Civilização Brasileira, 1978a.

_____. A ontologia do ser social: os princípios ontológicos fundamentais de Marx. São Paulo, Livraria Editora Ciências Humanas, 1979.

_____. A ontologia do ser social. A falsa e a verdadeira ontologia de Hegel. São Paulo, Livraria Editora Ciências Humanas, 1979a.

LUKÁCS, G. O momento ideal na economia e sobre a ontologia do momento ideal, secções 1 e 2 do volume II de *A ontologia do ser social*, 1981. Tradução de Maria Angélica Borges Rodrigues e Sílvia Salvi. In: RODRIGUES, M. A. B. *A determinação do "momento ideal" na ontologia de G. Lukács*. São Paulo, PUC, 1990. Tese de Mestrado.

_____. A ontologia de Marx: questões metodológicas preliminares. In: NETTO, J. P. (org.). *Lukács: Sociologia*. São Paulo, Ática, 1981a. (Coleção grandes cientistas sociais, 20.)

_____. O problema da ideologia, secção 3, vol. II, de *A ontologia do ser social*, 1981b. In: WAISMAN, E. *O problema da ideologia na ontologia de G. Lukács*. João Pessoa, Universidade Federal da Paraíba, 1986. Tese de Mestrado.

MACPHERSON, C. B. *A teoria política do individualismo possessivo de Hobbes a Locke*. Rio de Janeiro, Paz e Terra, 1979.

MAKARENKO, A. *Problemas de la educación escolar soviética*. Moscou, Progresso, s/d.

MANDEL, E. *O capitalismo tardio*. São Paulo, Abril Cultural, 1982.

MARCUSE, H. *Razão e revolução: Hegel e o advento da teoria social*. Rio de Janeiro, Paz e Terra, 1978.

_____. *El marxismo soviético*. Madri, Alianza, 1984.

MARITAIN, J. *Rumos da Educação*. Rio de Janeiro, Agir, 1963.

MARKUS, G. *Marxismo y "antropologia"*. Barcelona, Grijalbo, 1974.

MARTINELLI, M. L. *Serviço Social: identidade e alienação*. São Paulo, Cortez, 1988.

MARX, K. *Fundamentos de la crítica de la economia política-esbozo de 1857-1858 (Grundrisse)*. Tomos I e II. Havana, Instituto del Libro, Editorial de Ciencias Sociales. 1971.

_____ *Miséria da filosofia*. São Paulo, Grijalbo, 1976.

_____. *O capital*. Livro I, v. 1 e 2. Rio de Janeiro, Civilização Brasileira, 1980.

_____. "Para a crítica da economia política (1859)". *Os pensadores*. São Paulo, Abril Cultural, 1985.

_____. *Textos filosóficos*. Lisboa/São Paulo, Estampa/Mandacaru, 1990.

_____. *A questão judaica*. São Paulo, Moraes, 1991.

_____. *Manuscritos econômico-filosóficos (1844)*. Lisboa, Avante, 1993. (Biblioteca do Marxismo-Leninismo, 26.)

MARX, K. & ENGELS, F. *La sagrada família*. Buenos Aires, Claridad, 1971a.

MARX, K. & ENGELS, F. Manifesto do Partido Comunista. In: LASK, H. J. *O Manifesto do Partido Comunista de Marx e Engels*. Rio de Janeiro, ZAHAR, 1978.

_____. *A ideologia alemã*. São Paulo, Livraria Editora Ciências Humanas, 1982.

MARX, K.; ENGELS, F. & LENIN, W. I. *Sobre a mulher*. São Paulo, Global, 1979. (Coleção bases, 17.)

MERQUIOR, J. G. *O marxismo ocidental*. Rio de Janeiro, Nova Fronteira, 1987.

MÉSZÁROS, I. *Marx: a teoria da alienação*. Rio de Janeiro, Zahar, 1981.

_____. Marxismo e Direitos Humanos. In: *Filosofia, ideologia e ciência social — ensaios de negação e afirmação*. São Paulo, Ensaio, 1993.

MORA, J. F. *Dicionário de filosofia*. Madri, Aliança Editorial, 1990.

MOUNIER, E. *O personalismo*. Lisboa, Moraes Editora, 1964.

NETTO, J. P. *Capitalismo e reificação*. São Paulo, Livraria Editora Ciências Humanas, 1981.

_____. F. Engels, subsídios para uma aproximação. In: NETO, J. P. (org.). *Friederich Engels: política*. São Paulo, Ática, 1981a. (Coleção Grandes Cientistas Sociais, 17.)

_____. *Lukács*. São Paulo, Ática, 1981b. (Coleção Grandes Cientistas Sociais 20.)

_____. Stalin: elementos para uma aproximação crítica. In: NETTO, J. P. (org.). *Joseph Stalin: política*. São Paulo, Ática, 1982. (Coleção Grandes Cientistas Sociais, 29.)

_____. Vigência de Sade. *Novos Rumos*, n° 2. São Paulo, Novos Rumos, 1983.

_____. *G. Lukács: o guerreiro sem repouso*. São Paulo, Brasiliense, 1983a. (Coleção Encontro Radical, 28.)

_____. *O que é stalinismo*. São Paulo, Brasiliense, 1984. (Coleção Primeiros Passos, 34.)

_____. Para a crítica da vida cotidiana. In: NETTO, J. P. & FALCÃO, M. do C. *Cotidiano: conhecimento e crítica*. São Paulo, Cortez, 1987.

_____. *Democracia e transição socialista: escritos de teoria e política*. Belo Horizonte, Oficina de Livros, 1990.

_____. *Ditadura e Serviço Social: uma análise do Social no Brasil pós-64*. São Paulo, Cortez, 1991.

_____. *O que é marxismo*. São Paulo, Brasiliense, 1991a. (Coleção Primeiros Passos, 148.)

NETTO, J. P. *Capitalismo monopolista e Serviço Social*. São Paulo, Cortez, 1992.

_____. Razão, ontologia e praxis. *Serviço Social & Sociedade*, n° 44. São Paulo, Cortez, 1994.

_____. Transformações societárias e Serviço Social: notas para uma análise prospectiva da profissão no Brasil. *Serviço Social & Sociedade*, n° 50, São Paulo, Cortez, 1996.

_____. A construção do projeto ético-político do Serviço Social frente à crise contemporânea. *Capacitação em Serviço Social e política social: crise contemporânea, questão social e Serviço Social*. Módulo 1, Brasília, CEAD/UNB-CFESS-ABEPSS, 1999.

NISBET, R. *O conservadorismo*. Lisboa, Estampa, 1987.

NOVAES, A. (org.). *Ética*. São Paulo, Companhia das Letras/Secretaria Municipal de Cultura. 1992.

OLIVEIRA, M. A. *A filosofia na crise da modernidade*. São Paulo, Loyola, 1989. (Coleção Filosofia, 12.)

_____. *Ética e sociabilidade*. São Paulo, Loyola, 1993. (Coleção Filosofia, 25.)

_____. *Ética e práxis histórica*. São Paulo, Ótica, 1995. (Série Religião e Cidadania.)

PAIVA, B. A. et alii. "Algumas considerações sobre ética e valor". In: BONETTI, D. A. (orgs.). *Serviço Social e Ética: convite a uma nova práxis*. São Paulo, Cortez/CFESS, 1996.

PAIVA, V. P. *Paulo Freire e o nacionalismo-desenvolvimentista*. Rio de Janeiro, Civilização Brasileira, 1980. (Coleção Educação e Transformação, 3.)

PALMA, D. *A prática política dos profissionais. O caso do Serviço Social*. São Paulo/Lima, Cortez/CELATS, 1986.

PEREIRA, L. C. R. *A influência de Emmanuel Mounier na Escola de Serviço Social da PUCRS*. Porto Alegre, EDIPUCRS, 1992.

PEREIRA, O. *Moral revolucionária: paixão e utopia*. Campinas, Papirus, 1983. (Coleção Krisis.)

PERROT, M. *História da vida privada*. São Paulo, Companhia das Letras, 1991, v. IV.

PINHEIRO, M. I. *Serviço Social — documento histórico*. São Paulo, Cortez; Rio de Janeiro, UERJ, 1985.

POERNER, A. J. A importância dos diálogos de Salzburg e da Baviera entre cristãos e marxistas. *Civilização Brasileira*, n°s 9, 10, 1966.

PONTES, R. *Mediação e Serviço Social*. São Paulo, Cortez, 1995.

QUIROGA, C. *Invasão positivista no marxismo: manifestações no ensino da metodologia do Serviço Social*. São Paulo, Cortez, 1991.

RAICHELIS, R. A imagem do Serviço Social e os valores que veicula. *Serviço Social & sociedade*, n° 22. São Paulo, Cortez, 1986.

RIOS, T. A. *Ética e competência*. São Paulo, Cortez, 1993. (Coleção Questões da Nossa Época, 16.)

ROLDOLSKY, R. G. *Genesis y estructura del capital de Marx (estudios sobre los Grundrisse)*. México, Ed. Siglo Veintiuno, 1985.

ROLFINI, C. L'idea di 'riforma intellettuale e morale' nei *Quaderni del carcere*. *Critica Marxista*, n° 2, ano 28, Roma, Riuniti, mar./ abr. 1990.

RUBEL, M. *Pages de Karl Marx: pour une éthique socialiste*. Paris, Payot, 1970.

SALES, M. A. "A moral e o indivíduo na tradição marxista". *Serviço Social & Sociedade*, 38, São Paulo, Cortez, 1992.

_____. *Marxismo, ética e socialismo*. Dissertação de Mestrado, Rio de Janeiro, UFRJ, 1993 (mimeo).

_____. Questão social e defesa dos direitos no horizonte da ética profissional. *Capacitação em Serviço Social e política social: reprodução social, trabalho e Serviço Social*. Módulo 2. Brasília, CEAD/UNB — CFESS — ABEPSS, 1999.

SCHAFF, A. *Marxismo e Individuo humano*. México, Grijalbo, 1967.

SENNET, R. *O declínio do homem público: as tiranias da intimidade*. São Paulo, Companhia das Letras, 1988.

SEVERINO, A. J. *Filosofia*. São Paulo, Cortez, 1992.

_____. *Pessoa e existência: iniciação ao personalismo de Emmanuel Mounier*. São Paulo, Autores Associados, Cortez, 1993.

SHISKINE, A. F. *Teoria da moral marxista*. Portugal, Fronteira, 1977.

SILVA, L. M. M. R. *Aproximação do Serviço Social à tradição marxista: caminhos e descaminhos*. São Paulo, PUC-SP, 1991, v. I e II. Tese de Doutorado.

_____. Sistematização das críticas ao pensamento de Althusser. *Serviço Social & Sociedade*, n° 21. São Paulo, Cortez, 1986.

SILVA, M. de G. *Ideologias e Serviço Social: reconceituação latino-americana*. São Paulo, Cortez, 1983.

SIMIONATTO, I. *Gramsci: sua teoria, incidência no Brasil, influência no Serviço Social*. Florianópolis/São Paulo, UFSC/Cortez, 1995.

SIMÕES, C. O drama do cotidiano e a teia da história: direito, moral e ética do trabalho. *Serviço Social & Sociedade*, n° 32. São Paulo, Cortez, 1990.

SOCHOR, L. "Lukács e Korsch: a discussão filosófica dos anos 20". In: HOBSBAWM, idem (Terceira Internacional), 1987.

SOUZA, L. E. *Valores e Serviço Social*. Rio de Janeiro, CBCISS, 1978.

STEINBERG, H. J. "O partido e a formação da ortodoxia marxista". In: HOBSBAWM, idem II, 1985.

STRADA, V. "O marxismo legal na Rússia". In: HOBSBAWM, E. (org.). *História do marxismo III: O marxismo na época da Segunda Internacional.* Rio de Janeiro, Paz e Terra, 1986.

TERTULIAN, N. O grande projeto da ética. *Ensaios/Ad Hominen*, n° 1, t. I. São Paulo, Editora Ad Hominen, 1999.

TONET, I. Fundamentos filosóficos para a nova proposta curricular em Serviço Social. *Serviço Social & Sociedade*, n° 15. São Paulo, Cortez, 1984.

TROTSKY, L. *Moral e revolução*. Rio de Janeiro, Paz e Terra, 1978.

VAZ, H. C. de L. *Ontologia e história*. São Paulo, Duas Cidades, 1968.

_____. *Escritos de filosofia II; ética e cultura*. São Paulo, Loyola, 1988. (Coleção Filosofia, 8.)

VÁZQUÉZ, A. S. *Filosofia da praxis*. Rio de Janeiro, Paz e Terra, 1977.

_____. *Ciência e revolução: o marxismo de Althusser*. Rio de Janeiro, Civilização Brasileira, 1980. (Coleção Perspectivas do Homem, 136.)

_____. *Ética*. Rio de Janeiro, Civilização Brasileira, 1984. (Coleção Perspectivas do Homem, 46.)

VELASCO, V. *A ética na formação e na prática do Assistente Social*. Vitória, CEDEPSSS, 1990.

VENTURA, Z. *1968: o ano que não terminou*. Rio de Janeiro, Nova Fronteira, 1988.

VERDÈS LEROUX, J. *Trabalhador social: prática, hábitos, ethos, formas de intervenção*. São Paulo, Cortez, 1986.

VIEIRA, E. *Democracia e política social*. São Paulo, Cortez, 1992. (Coleção Polêmicas do Nosso Tempo, 49.)

VIGEVANI, T. et alli. *Liberalismo e socialismo*. São Paulo, Unesp, 1995.

VOLPE, G. D. *La libertad comunista*. Barcelona, Icaroa, 1977.

VV. AA. *Moral e sociedade*. Rio de Janeiro, Paz e Terra, 1972.

_____. O Serviço Social no século XXI. *Serviço Social & sociedade*, n° 50. São Paulo, Cortez, 1996.

WALDENBERG, M. "A estratégia política da social democracia alemã: renovação moral e mito no pensamento dos sindicalista revolucionários". In: HOBSBAWM, E. (org.) *História do marxismo*. Rio de Janeiro, Paz e Terra, 1985, 1ª parte, v. 2.

WANDERLEY, M. B. *Metamorfoses do desenvolvimento de Comunidade*. São Paulo, Cortez, 1993.

WEBER, M. *A ética protestante e o espírito do capitalismo*. São Paulo, Pioneira, 1967.

WILLET, J. "Arte e revolução". In: HOBSBAWM, E. (org.) *História do marxismo IX: o marxismo na época da Terceira Internacional*. Rio de Janeiro, Paz e Terra, 1987.

YAZSBEK, M. C. *Classes subalternas e assistência social*. São Paulo, Cortez, 1993.

YAMAMOTO, O. H. *Educação e a tradição marxista: a produção educacional marxista dos anos 70/80*. São Paulo, USP, 1994. Tese de Doutorado.